只闻花香，不谈悲喜

——做林徽因一样的气质女子

芳琼　著

天津出版传媒集团
天津人民出版社

图书在版编目(CIP)数据

只闻花香,不谈悲喜:做林徽因一样的气质女子 / 芳琼编著. -- 天津:天津人民出版社,2018.3
ISBN 978-7-201-12272-4

Ⅰ.①只… Ⅱ.①芳… Ⅲ.①林徽因(1904–1955)–生平事迹②女性–修养–通俗读物 Ⅳ.①K826.16 ②B825–49

中国版本图书馆 CIP 数据核字(2017)第 215670 号

只闻花香,不谈悲喜:做林徽因一样的气质女子

ZHI WEN HUA XIANG , BU TAN BEI XI : ZUO LIN HUI YIN YI YANG DE QI ZHI NV ZI

出　　版	天津人民出版社
出 版 人	黄　沛
地　　址	天津市和平区西康路 35 号康岳大厦
邮政编码	300051
邮购电话	(022)23332469
网　　址	http://www.tjrmcbs.com
电子信箱	tjrmcbs@126.com
责任编辑	刘子伯
印　　刷	晟德(天津)印刷有限公司
经　　销	新华书店
开　　本	787×1092 毫米　1/32
印　　张	16
字　　数	250 千字
版次印次	2018 年 3 月第 1 版　2018 年 3 月第 1 次印刷
定　　价	48.00 元

只闻花香，不谈悲喜

——像林徽因一样做气质女子

前言

20世纪30年代，北京的文化圈内有一个富有魅力的女子。

跟同时代的其他女性相比，这个女子无疑是幸运的：她的父亲是民国初年有名的文人逸士，又是著名的政治家林长民；在那个大多数女性要藏在家里的时代，她年纪轻轻就随父亲游历外扬；她美丽优雅，却又才华横溢……这个女子，就是徐志摩的梦中情人，她是金岳霖一生的情感寄托，梁思成的妻子——林徽因。

林徽因，这是一个怦然心动的名字，一个集秀气、才气、灵气于一身的女子，一场无与伦比的美丽，一段惊世骇俗的传奇。少年清纯如梅，青年浪漫如兰，中年纯粹如莲，集万千宠爱于一身，“一身诗意千寻瀑，万古人间四月天。”她跨越了百年的美丽，鲜活着，妩媚着，光彩着，闪亮着……

莫泊桑的《项链》中，有这样一句话：“女子的姿色、风度和妩媚是她们的资本，是她们的身世和家族的象征。”林徽因是一位名副其实的美女，眉目清新，温婉如玉，至今我们还可以从照片中瞻仰她昔日的风采。当林徽因还是少年的时候，她漂亮的外貌就已经受到无数人的追求和喜爱。不过，她的性格当中还有比美貌更可贵的东西，那就是她的善良、热情、坚毅、刚强以及深明大义。

在这个浮躁而虚夸的社会中，有的女子耽于形，以至于售人以貌；有的女子止于心，以至于误己于计。但是，大音必有希声，大羹必有淡味。林徽因，无论这一生爱过多少人，经历过多少起落沉浮，尝过几多人生况味，她都不耽于形，不止于心，执着地进取，理智地选择，妥帖地生活，那素净的芬芳在每个人心中久久地萦绕，无法散去；那独特的气质，让人魂牵梦萦。

女子当如林徽因，如她的温雅善良，如她的知性慧心，如她的率真坦诚，为自己谱写一个多姿多彩的亮丽人生。

女子当如林徽因，既能高贵地享受风花雪月，又能如隐者般忍受坚信、贫困、疾病的磨砺，一心追求幸福、光明和希望。

《像林徽因一样做气质女子》为您展示了一个真实而立体的林徽因，跟您一起分享这位民国时期最有魅力的女子在如何展示自己的魅力、经营自己的婚姻、打理自己的生活，发展自己的事业等各方面的经验，并将这些经验运用到自己的生活中去，最终使你成为一个家庭幸福、事业有成的气质女性。

目录

第2章　温柔要有，但不是妥协 /

民国初期的北京文化圈内不乏美女，但是最引人注目的当属林徽因。林徽因之所以可以从众多美女才女中脱颖而出，主要原因就是因为她独特的个性。她温柔优雅但是心直口快，从来不会人云亦云；她浪漫温柔但是恪守道德，面对不公事情一定会仗义直言；她朋友众多但是又兼顾家庭，从来不会让家里充满醋雨酸风……林徽因之所以能够做到这些，就是因为她懂得温柔与妥协的区别。

在她的心里潜伏着一个深渊，扔下巨石也发不出声音
睿智的女子，想法总是与众不同
喜欢的就要拥有它，不要害怕辛苦
花，开半朵，最美
温婉如花，独立如树
任何东西都可被替代……但是你不能无力自拔
娇小的身体里，有常人不及的张力
容易伤害别人和自己的，总是对距离的边缘模糊不清的人
大是大非前，绝不含糊

第3章　即使仅有一线力量，也要飞向蓝穹 /

很多人知道，林徽因是一名著名的、学有所成的建筑学家，但是很多人不知道的是，林徽因为了实现这个建筑学家所付出的艰辛和努力。林徽因原本可以凭借她的美貌，像陆小曼一样趁早出名，然后年纪轻轻就嫁与权贵。当陆小曼在社交场上风头大出的时候，林徽因却埋头书

斋。为了实现建筑家的梦想，她远渡重洋，几换专业，漫步深山老林，调查研究古寺，甚至为了保护建筑文物而当众大哭，她就像一朵美丽的花儿一样，零落地攒集力量，最终让自己的生命从容地舒展出积累的芬芳。

零落的攒集，从容的舒展

别错认学位做学问

循着林岸，穷究你的泉源

秋天的骄傲是果实，不是萌芽

最好还要有信仰

生命不容你，不释放全身的光芒——

第 4 章 用热情点亮四面风 /

古曰："窈窕淑女，君子好逑。"在这里，窈窕，意为美好，性情的美好，并非限于貌美，女子应"窈窕"。民国初期的中国社会从一定程度上来说还是男权社会，是一个属于男子英雄辈出的时代，林徽因则是那万绿丛中的一点红，显得格外亮眼。林徽因能从男权社会中脱颖而出，就是因为她能适时地展现自己的女性特质，并用这种女性特质抵抗来自男性世界的霸道和蛮横，用自己的热情点燃了四面的风。在世人的眼里，林徽因永远都不失对生活的激情，她永远是人间的四月天。

玄微的细网，深沉的拢住天地

紧握自己的"莲灯"

做朋友心中的"四月天"

齿轴和齿帽，完美地契合了
别丢掉这一把过往的激情
断续的曲子，最美最温柔

第5章 美，从不是现成的 /

毫无疑问，林徽因在博学多知的同时，还是一个长得标致的女子。民国时期的文化圈内的美女不少，单就相貌来说，冰心、白薇、苏青、陆小曼等女子都与林徽因在伯仲之间，只是冰心过于素净古板，白薇太过清静贤淑、苏青相貌不错，惜乎气质不够，陆小曼与林徽因有几分类似，但是却又过于风情。唯有林徽因，虽然算不上一等一的美丽，但是她那优雅的姿态，成熟的韵味，合体而又别致的着装配上她本来已属中上的容貌，使她成了民国时期文化圈的“明星”。

穿出自己特有的味道
一举一动都要别致
因为神秘，所以美丽
与书为伴，素面朝天也妖娆
“桃子”成熟才美丽
对人捧出你的涵养

第6章 永远守住自己的魂灵 /

在大多数人的印象中，林徽因是优雅的、美丽的，幸运的，成功的，但是外人不知道的是，她为了自己的幸福、梦想和事业付出了太多的心血，经历了无数的艰辛。“太太的客厅”中优雅而安逸、被众人高捧的太太是她，抗战时期的那个拿着瓶子打醋买酱，艰辛操持家务的人也是她，她微笑着看待生活中的各种事，不逢迎、不矫情、不勉强，一切安安静静、坦坦然然地去接受。这样的林徽因像一朵圣洁的莲花一样，任外界狂风暴雨，风起云涌，努力绽放自己的芬芳，坚守自己心中的那片圣地。

挥动思想的利剑
让庄严裸露
相信有明月长照
心是孤傲的屏障一面
在幽冷的山泉底，仍要保留着那真
情愿听杜鹃啼唱

枉了青春、淡了红颜，亦无悔无怨

你不勇敢，谁替你坚强

用最美的姿态自我救赎

奢侈是不给愉快的，它只有增加你的戒惧烦恼

那些千万学不得的庸俗

让生活的经验铸就你的成长

苦中求乐，从此阳光

新鲜压住所有的愁闷

上帝不会把全部都给你

第8章 把祖国的悲欢放在心底 /

林徽因所处的民国是一个特殊的时期，军阀割据，日寇侵华。在这样纷乱的时代里，林徽因一个弱女子，没有像某些名媛一样依附于权贵，更没有为了个人安全弃国离乡，而是把祖国的悲欢放在心底，坚持留在了饱受疮痍的祖国。面对日寇的威胁，她毫无畏惧，拼着生命在事业之路上不知疲倦、无所畏惧地前行着，只为了维护祖国的尊严；新中国建 设时期，为了保留中国的古代建筑，她不顾身体多处病痛，四处奔波……人生路上她懂得大义与牺牲，是如此的铿锵、哀艳和笃定，一言一行都显示了中国人的骨气，令人钦佩，这样的女子与其说长得漂亮，倒不如说活得漂亮。

任你是谁，都逃不过时代的波澜

假使我必须死在刺刀或炸弹下，我要死在中国的土地上

“我们研究唐代的木构建筑，难道只有去日本的奈良吗？！”
预支将来的年光，在所不惜
把这一切融进了生命

第9章　任你风起云涌，我只领取而今现在/

世人都说女子是不知道的满足的，尤其是漂亮的女子，但是林徽因恰恰是一个美丽却又知足的女子。知足的女子，往往能以端正的心态，笑看花开叶落，风起云涌；知足的女子，往往更懂得赞美和感恩，往往更能自信地面对社会，快乐的面对生活；知足的女子，更懂得生活，也更懂得抵御来自外界的诱惑和危险。成熟稳重的林徽因，已经见识过了太多的风云变幻。但是无论外界环境怎样改变，她的脸上始终洋溢的灿烂的微笑，她的淡定与从容让人钦佩，这是女性智慧的终极表现。

心此刻同沙漠一样平
这世界需要你
划上一个句号，从此无忧
看山，看水，看红尘
琐碎时光都是享受
看尽人间芳菲，看尽时光老去

第1章　在安静中，不慌不忙的坚强

人的一生，总会遇到各种各样的波折，对于女子而言，感情上的波折所带来的伤痛要远远大于其他方面的波折所带来的疼痛，面对感情波折，有的女子会大哭大喊；有的女子会失望沉沦……其实，这些女子都忽略了一个事实，那就是感情有时候只是一个人的事情。当她们对感情失望的时候，大多的时候其实是对自己失望。面对感情的波折，女子可以失望，但是不能盲目，因为，只有清醒、聪明的女子才能得到同情。

第 1 章 在安静中，不慌不忙的坚强

人的一生，总会遇到各种各样的波折，对于女子而言，感情上的波折所带来的伤痛要远远大于其他方面的波折所引起疼痛，面对感情波折，有的女子会大哭大喊；有的女子会失望沉沦……其实，这些女子都忽略了一个事实，那就是感情有时候只是一个人的事情。当她们对感情失望的时候，大多的时候其实是对自己失望。面对感情的波折，女子可以失望，但是不能盲目，因为，只有清醒、聪明的女子才能得到同情。

我们可以失望，但不能盲目

爱，是红尘中最浪漫、最多情的一个词。在如花美眷，似水光阴里，哪一位女子不期盼一场“盈盈一水间，脉脉不得语”的纯爱，不渴望一次一见倾心的灵魂碰撞，让激情燃烧，哪怕长长的一生浓缩为一瞬。毕竟，有了爱情的女子如同绽放的花，散发的清香会让自己也要醉倒。

可惜，命运羁绊，情深缘浅，有时有情人终难成眷属。面对此，不少女子会变得不再理智，明明知道得不到，明明知道已失去，还一味地强求，奋不顾身，誓不甘休。结果呢？爱变成了一种盲目的固执与任性，最终不仅让自己狼狈不堪，辜负了如花美眷，还有可能阻断追求真爱的路。

幸好的是，林徽因不是这样的痴傻女子，她足够理智，足够清醒。面对爱情，纵是爱到深处，她也能够始终保持一种平和的姿态，适可而止，收放自如，不会将自己逼到落魄的境地，永远不会让外人看到自己的累，看到自己的伤，最终也成功塑造了一个优雅而不失坚强的自爱形象。

知道林徽因和徐志摩的人，都知道那一场康桥之恋。

1920年，年仅16岁的林徽因跟随着父亲林长民到欧洲游历，在英国伦敦她与父亲的挚友、年轻才俊徐志摩相遇了。她那秀挺的身材、优雅的气质以及纯真的微笑，给徐志摩一种天仙下凡的感觉。当时徐志摩年方24岁，才气逼人、风度儒雅、外貌英俊，令许多红颜佳丽倾心。而情窦初开的林徽因，又怎能可以做到心静如水？这个男子满足了她对异性男子所有美好的向往，她惊惶，喜爱，羞涩，愉悦，两人相见恨晚。

康桥，英国著名的剑桥大学所在地，这是林徽因和徐志摩爱情的生长地。他们偎依在桥头一起许下诺言，在柔波的小船上谈论诗歌，又在沉默的夜色中热情相拥……那时的林徽因当真是爱了，她本就柔软的心更加温润，她写道："深夜里听到乐声，这一定又是你的手指，轻弹着，在这深夜，稠密的悲思。我不禁颊边泛上了红……"

但很快，林徽因冷静了下来，因为那时的徐志摩已婚，并且是两岁孩子的父亲，她如何去嫁给一个有妇之夫。就算徐志摩为她离婚，抛弃妻子张幼仪，她一个名门闺秀，亦不愿接受这样的人生。如果爱情建立在伤害他人的基础之上，那就违背了她的初衷，那她宁可不要这份感情。于是，她哭着劝徐志摩不要再想入非非："我们只能平行，不可能相交。我们只能有友谊，不能有爱情。"再后来，她与徐志摩不辞而别，毅然跟随父亲回国，将初恋连同深爱的男子丢弃在异国他乡。

一转身，便是天涯……

林徽因不是不够爱徐志摩，只是她明白，浪漫的徐志摩是一个需要靠爱情喂养的男子，但也不能因此推卸作为一个丈夫和父亲的责任，她不想为一段无果的感情去做无谓的担当，不如在最美丽的时候转身，让彼此都记住短暂而甜蜜的美好。这就是林徽因，她有一颗清醒的心，不会为情沉沦，也不会困惑。

流年似水，太过匆匆，一些故事来不及真正开始，就被写成了昨天；一些人还没有好好相爱，就成了过客。林徽因和徐志摩在康桥真心实意地爱了一场，当别人以为她要为一段情爱沉溺下去，不得醒转之时，她却抽身而去。在这个选择上，我们可以看到这个女子智慧、勇敢的闪光。

方向不对，努力白费！人生如此，爱情也如此。对于一些把握不住的情缘，有多少女子能像林徽因这般勇敢地、理智地转身？

红尘漫漫，一对陌生男女从相识到相知，再到相恋，携手一生，这就既要讲缘又要讲分的，并不是每一对有情人都能终成眷属，有缘无分的恋爱结果就是分手。茫茫人海，缘分难求，当一份感情前进不得时，无论你再不甘，再失望，也不必盲目坚持，不如放弃，不如转身，聪慧如林徽因。

往往我们懂得这个道理的时候，已经在感情的路途上耗费了大量时光，遍体鳞伤，身心俱疲了。

每个女子都会遇到自己喜欢的人，却因为种种的原因不能牵手一生，也许世间最大的悲剧莫过于此，但是换一个角度想，正因为有了这种遗憾，这份情义才越发显得弥足珍贵，既浸入骨髓又超然永恒。正如一句话所说：“最好的爱情，必然有遗憾。那遗憾化作余音袅袅，长留心上。”

难怪有人说，如果一个女子想要在一个男人的生命中永恒，那就应该美丽而聪明，骄傲而清高，最重要的是，懂得不去奢求不属于自己的东西，在离开的时候漂亮地转身，这样的女子，可遇而不可求。这也就不难理解，徐志摩遇到了那么多的女子，却唯独将林徽因视为他人生理想达到至美至善境界的女神化身。

来是缘，去也是缘，任何地方，任何时候，任何境况，女子情感的释放都需要用理智来控制。对于有缘无分的情感，纵然自己深爱一场，也要做到淡然处之，适可而止，华丽地转身，做到自尊自爱，而不是失去理智，盲目强求。如此这般，方能体现出女子优雅自若的气质涵养。

更何况，一份感情不管结果如何，只要有过那种让自己心灵为之震动的感觉，这本来就是一种情感上的富有，一个温暖的感情矿藏，一种生命中最厚重的拥有，足够用一生来细细地品尝。正如一首小诗所言："一个是太阳，一个是月亮，太阳月亮从不厮守，但谁不说它们天长地久？"

落花似的落尽，忘了去

人走路有印迹，鸟飞过有行迹，花开过有香迹，所有的一切都有痕迹，旧的感情亦是如此，一起走过的路，一起说过的话，一起写过的诗……这些都会在心里留下痕迹，再清醒的人对此也难免自迷，无法抑制地怀念从前，怀念对曾经的美好，将泛黄的青春书册一遍又一遍翻出来阅读。

或许在许多人心里，林徽因就是这样一个怀旧柔情的女子，依靠一些回忆来喂养寂寥，典当一些日子来滋润情怀。然而不是这样的，林徽因其实是一个异常沉静的女子，当爱情洒落成满地凋零的花瓣时，她可以做到不露痕迹，把一切凡尘的爱恨，当作是过眼云烟，与之毫无瓜葛。

徐志摩得知林徽因回国后，也于1922年9月乘船回国，不久便北上来京找林徽因。此时的徐志摩已是自由之身，他和妻子离了婚，他认为自己如今已经单身，林徽因会与自己在一起的，但不料林徽因已经和年轻建筑师梁思成走在了一起。梁思成是配林徽因的，他是大名鼎鼎的梁启超的儿子，家世显赫，俊朗飘逸。因为不忍放弃，徐志摩经常前往梁思成家中做客，并情不自禁地陷入在回忆中，想念他和林徽因在伦敦康桥漫步、撑船、谈心……他耐心地等待着，等他深爱的女子回心转意；而因为诗歌，他们也有了许多交集的机会，陪印度诗人泰戈尔游历中国，一起谈论诗歌，一起组织演讲会……在那些日子里，徐志摩试图在林徽因的眼眸里找回一些当年的感觉。

聪明的林徽因深刻地感觉到徐志摩对她的痴心不改，可她深知两人不合适在一起，此生定与徐志摩擦肩。因此，那些逝去的美好她虽然不曾相忘，却理性地搁在了心底，不再提及。面对徐志摩，她总是淡定自若地微笑着，仿佛两人之间从来不曾发生过什么。在这里，徐志摩找不到丝毫过往的影子，寻不到些许昨日的温情，他终于明白，往日的情意已散落在风中，成了无可奈何的追忆。

再后来，林徽因还写了一首诗：

《情愿》

我情愿化成一片落叶，
让风吹雨打到处飘零；
或流云一朵，在澄蓝天，
和大地再没有些牵连。
但抱紧那伤心的标志，
去触遇没着落的怅惘；
在黄昏，夜半，蹑着脚走，
全是空虚，再莫有温柔；
忘掉曾有这世界、有你；
哀悼谁又曾有过爱恋；
落花似的落尽，忘了去
这些个泪点里的情绪。
到那天一切都不存留，
比一闪光，一息风更少
痕迹，你也要忘掉我
曾经在这世界里活过。

瞧，这是多么决然的一首诗。在我们的生命中，注定会遇见一些人，陪我们走一程，然后在下一个分岔路口告别，从此不见。如一首诗所说："红尘陌上，独自行走，绿萝拂过衣襟，青云打湿诺言。山和水可以两两相忘，日与月可以毫无瓜葛。那时候，只一个人的浮世清欢，一个人的细水长流。"

人与人真的不同，两个相爱的人分开之后，一个人想珍藏曾经的美好，另一个人则想方设法要擦去过往痕迹。谁都没有错，只是对待人生的方式不同而已。徐志摩是林徽因生命里的第一个男子，他给了她所有诗意浪漫的美好想象，但转身后的林徽因却不再沉溺过往，只想享受今天的美好。

"蝴蝶飞不过沧海，没有谁忍心责怪"，人生充满了太多的无奈，在浩渺无垠的沧海，你我就是那弱小的蝴蝶，纵然有一双翅膀也终究飞不出茫茫海域，飞不过蓬山万里。明知如此，依旧有许多女子会为一场已逝的爱恋，念念不忘，耿耿于怀，撑一支长篙，独上兰舟，去奔赴无期的将来。

很显然，林徽因是聪慧的女子，她懂得任何一桩情缘都是宿命的安排，都有其不可逆转的规则，待到华丽转身，从前的时光已是回不去的浪漫，不如遗忘，淡然独立，随遇而安。倘若所有的女子都可以做到这样平和淡定、宽容慈悲，这风尘的世间虽然烟火蔓延，却不会再有人受伤。

是的，人生聚散原本寻常，爱既有圆满也有不圆满，纵然或阴或晴，纵然或圆或缺，都不是我们可以选择的。有时候相较于铭记而言，遗忘未尝不是一种更好的处理方式。此情可待成追忆，只是当时已惘然。选择遗忘，"落花似的落尽，忘了去"，从此，你会坚强，也会给自己一个重生的机会！

高欣是个性情温和的女子，上学、工作、结婚……一切按部就班。自从婚后有了可爱的儿子后，她便在家做起了家庭主妇。高欣很重视自己的家庭，无奈造物弄人，丈夫居然背着她爱上了其他女子。得知真相后，高欣伤心至极，当即提出了离婚。那段时间里，她很难走出婚变的阴影，整日以泪洗面。

但很快，高欣醒悟了过来，这样无济于事，只会加重自己的痛苦罢了，她下定决心要忘记那段失败的婚姻，改变自己的现状。首先，她去美发店将多年的一头长发剪成了利落时尚的短发，接着又去商场买了几款适合自己的化妆品、衣服和鞋。看着镜中漂亮的自己，高欣感到心情顿时愉快了很多，婚变的打击没有那么让人难受了。再后来，她将儿子安顿在一所幼儿园之后，开始谋职了。

由于好久没有工作了，面对竞争激烈的公司环境，高欣一开始着实有点应付不过来，但为了自己和儿子的生活，她知道自己必须不断努力。工作忙碌起来后，她没有时间和心情伤春悲秋地哀悼自己的恋情了，工作也渐渐做得越来越好了，完全可以支撑自己和儿子的生活，她为此无比自豪，当然也无比幸福。

瞧，爱得起恨得起，拿得起放得下，这是一种凤凰涅槃的气度，是另一种美丽的开始。多少情缘匆匆来去，相爱的人不过是红尘中的一场偶遇，一旦分别，两无痕迹。那些遗落在风中的伤与痛，于回忆里化作风吟。心在云上飞，情在手中吟。这时的女子，似一盏清茶，落花无言，人淡如菊，心素如简。

人生这条路上，能走多远，看到怎样的风景，能遇上谁，邂逅怎样的缘分，皆无定数。时光流深，再好的终要被遗忘，坏的不开心的也会被遗弃在角落里，再悲伤亦不过是浮梦一场。我们能做的，就是不能拥有的，懂得放弃；不能碰触的，学会雪藏；不断地放下，不断地遗忘……

面对已逝的感情，面对曾经的旧爱，就让我们像林徽因那样，选择后不抛弃，放手后不愧悔，轻柔地道一声“再见”，携一颗平和淡然的心，走过山重水复的流年，笑看风尘起落的人间。那么，无论被世俗烟火熏染多久，被浑浊的世态浸泡多深，心灵深处始终有一处最洁净的角落，如初时美好。

选择清醒，就得丢掉自己的梦

每个女子的骨子里都是浪漫的，每个女子都有做梦的天性和资格，但是恋爱中感性多于理性，过于追求浪漫，整日风花雪月，模糊理想和现实的界限，甚至失去理性的判断，那么就必定要付出代价。因为，生活不是电视剧更不是偶像剧，有时候安稳比爱情对一个女子来说更重要。

何为安稳？之于女子，便是岁月安稳，现世安好，波澜不惊的生活。林徽因是一个清淡如莲的女子，尽管她渴望一段浪漫美丽的爱情，但她明白，风花雪月只能怡情养性、诗情画意只能点缀日子，而她想要的是柴米油盐的生活，寻常的烟火幸福。林徽因既已选择清醒，就只好丢掉自己的梦。

徐志摩心里始终对林徽因念念不忘，他一直痴心地等待着她，寻机和她谈诗歌、谈人生、谈理想……有一次还十分直白地表达了自己："如果有一天我获得了你的爱，那么我飘零的生命就有了归宿，只有爱才可以让我匆匆行进的脚步停下，让我在你的身边停留一小时吧，你知道忧伤正像锯子锯着我的灵魂。"

对此，林徽因无动于衷么？不是的。徐志摩是林徽因生命里的第一个男人，他给了她所有的浪漫和美好，她比任何人都懂得徐志摩的痴情，只是林徽因终究是淡然的，她深知徐志摩是为爱而生的人，他敢不惧红尘、不顾一切，去要一份波澜壮阔的爱情，粉身碎骨才肯罢休。而她呢？她也是人，任她红颜如花，任她才高过人，也要深陷柴米油盐，也终有一天人老珠黄，真到了那个时候，他是否还像当初那样痴狂地爱她，她很怀疑。

她不知道，也不想用自己的一生赌这个答案。她是一个优雅美好的女子，任何时候都不会让自己狼狈不堪，也就由不得自己去放任快乐。

如果说徐志摩是林徽因梦中一切美好的想象，那么梁思成则给了她现实的安稳。梁思成没有徐志摩那样浪漫，不及徐志摩那样出众，但他性格平和，作风严谨，他经常带着林徽因去北海公园游玩，一起逛太庙，有时又去清华学堂看音乐演出。这里没有多少风花雪月，有的只是平常的快乐，却令林徽因觉得踏实自在，有一种家的感觉。最终，林徽因还是坚决地放弃了诗意浪漫的徐志摩，而选择了平和踏实的梁思成。事实证明，相比后来嫁给徐志摩的陆小曼，她做了一个聪明的选择。

浮世红尘，相遇已经很不容易，相爱更不知道要修炼多少年。徐志摩不明白，他和林徽因明明真心相爱、郎才女貌，如此深刻的缘分她为什么不好好珍惜，竟要这样一次又一次地决绝转身？或许徐志摩不明白，林徽因爱他是一种幻境，爱梁思成是一种真实，凡尘烟火才是她最想要的生活。

看到这里，或许不少爱做梦的女子会反驳，笃定地认为只要两个人相爱就好，要多轰轰烈烈就多轰轰烈烈，要多刻骨铭心就刻骨铭心，是可以不讲究理智的，是可以不在乎物质的。但是生活是什么？柴米油盐酱茶醋。清灰冷灶，没吃没喝，即便春花秋月再美，也敌不过流年似水。

美萍的爱情没得到父母的认可，因为男友萧达是农村人，家庭条件很不好，工作也不顺利，三天两头地换工作，父母担心女儿以后受苦受累。但美萍坚持有爱就有一切，遂不顾一切地嫁给了萧达。婚前两家凑了一些钱买了一套新房，不过只是付了首付，按揭还贷15年，每月2000元。婚后美萍夫妻的收入加在一起只有5000元，除去房贷，只能满足基本的生活需要。

居家生活不能没有钱，结婚后生孩子也需要钱，更糟糕的是萧达的父母年纪大了，双方又没有养老保险和其他生活来源，身为独子的萧达还要拿出一部分工资贴补家用。面对一系列的实际问题，美萍不得不学会勒紧裤腰带过日子了，整日紧衣缩食，不得不挤公交上下班，为了生计斤斤计较……

眼看着朋友花枝招展、吃香喝辣，美萍觉得很苦恼，承受的心理压力也越来越大，自然免不了朝萧达抱怨几句，结果两人总是吵得不可开交。美萍叹息道："我很爱他，他也爱我，但婚姻光有爱情是不够的，爱情不是面包，不能当饭吃。现在活得这么累、这么尴尬，我真后悔自己当初的不理智……"

爱情可以抛离物质，爱得死去活来、天昏地暗、海枯石烂、天荒地老……但是生活却是衣食住行、柴米油盐、锅碗瓢盆、吃喝拉撒……"贫贱夫妻百事哀"，饥肠辘辘、居无定所的爱情，以成熟的眼光来看，并不代表浪漫与伟大，而是一种不理智。这种说法虽然有些世俗，但未尝不是一种智慧。

是的，理智不是爱情的天敌，它们是亲密的朋友。爱情是花，理智是阳光，没有阳光的沐浴，花儿会很快萎谢。林徽因不是张幼仪，要唯诺地爱徐志摩一辈子；也不是陆小曼，要为一段爱情粉身碎骨才肯罢休；她理智地选择了梁思成，爱情的鲜花变成了婚姻的硕果，清宁安稳，一生一世。

走在爱情的道路上，也许有些男子没有天天对你说"我爱你"之类的浪漫情话，但就是这个男子，下雨的时候，会为你撑上一把遮风避雨的伞；寒冷的时候，会为你沏上一杯清香温纯的茶；疲惫的时候，会给你一个宽大而坚强的肩膀……这般寻常的爱，是一种烟火的幸福，不浓郁，但经久。

林徽因要的就是这样一种爱，这样一种生活：嫁一个实在的男子，平凡生养，没有惊涛骇浪的情感，却安定美好。这样的生活虽然平淡简单，却永远不会孤绝和贫瘠。林徽因的一生虽算不上浪漫无比、完美无缺，但她过得波澜不惊、安定美好，哪个女子不羡慕？这也算是一种成功了。

事实上，爱情的表现方式有很多种。有一种爱情像烈火般燃烧，刹那间放射出的绚丽的光芒，能将两颗心迅速融化；也有一种爱情像春天的小雨，悄无声息地滋润着对方的心灵。前者声势浩大却只能灿烂一时，后者平平淡淡却绵延不断。真爱不在于一瞬间的悸动，而在于两个人默默守候。

是的，爱情看起来很浪漫，很纯情，可实实在在的生活才是最重要的。身为女子，你若想幸福平安，就该清醒一点，理智一点，选择凡俗的爱情、烟火的幸福，在柴米油盐中精心呵护爱情，弹奏一曲属于自己的幸福乐章，就如一首歌中所唱："柴米油盐酱醋茶，一点一滴都是幸福在发芽……"

红尘很美，只因有你。愿现世安稳，岁月静好。

我从不自欺欺人，我只看真实

爱情，应算是天底下独一无二的一份感情了。当两个人相爱了——真正的爱情来临时，大多数女子的普遍看法是，我的眼中只有所爱的人，更重要的是，他的眼里只有我！但事实上，人类的心比我们想象的要宽阔得的多，我们其实可以爱上不只一个人，尤其是感性的、容易感动的女子。

爱一个人，已经沉重，同时爱两个人呢？是不是意味着无法剪断的纠缠和挣扎？

林徽因用自身经历告诉我们，有问题就是有问题，绝对不要逃避现实、自欺欺人，而要做到对自己诚实。其实只要做到诚实地面对自己，仔细聆听心灵的声音，无论面对多么复杂的情感，我们都可以做到从容面对，找到真实的自我，做出正确的抉择。任由世事纵横万千，深晓一切阴晴冷暖。

名门闺秀，美丽多情、才华卓越……林徽因离不开这样的形容词，这样的女子不是一般男人能拥有的，她注定是许多男人的梦中情人。说起最爱林徽因的男人，很多人会提及大诗人徐志摩和建筑家梁思成。其实最爱林徽因的并不是这两个男人，而是当时执教于清华和北大的哲学家——金岳霖。金岳霖从青年时代起就饱受欧美知识的沐浴，生活相当西化，极富绅士风度，他比梁思成大6岁，比林徽因大9岁，在林徽因面前是名副其实的老大哥。自从徐志摩引见后，金岳霖对林徽因的人品才华赞羡至极，对她理性与感性兼具的特质深深迷恋，一直默默无闻、不动声色地爱着林徽因。据说林徽因居住在哪儿，他就会默默陪伴在哪儿，并且终身未娶，不离不弃。

多年来，由于毗邻而居，林徽因和金岳霖平日走动很勤。加上梁思成经常外出考察，金岳霖处处悉心照顾，渐渐地林徽因习惯了这种呵护，对金岳霖亦十分钦佩敬爱，任何时候她都需要他在，只要他在，她便安心。林徽因自问是个清醒之人，可以将情感处理得妥帖安好，但她却不知该以何种方式来安抚这位挚爱自己的男子。直到有一天，她发现自己居然爱上了金岳霖，或许她只是被这个仪表堂堂、成熟稳重的男子打动，对他生出了不由自主的依恋，这是一种理解的需要和精神上的渴求。

林徽因的心中迷惘至极，一次梁思成外出考察回来后，她便把事情的前因后果，以及自己现在的想法和苦恼一股脑儿地倾诉给梁思成听："我苦恼极了，因为我同时爱上了两个人，不知道怎么办才好？"梁思成自然痛苦至极，辗转一夜之后，他对林徽因说："你是自由的，如果你选择了老金，我祝愿你们永远幸福。"后来，林徽因将对梁思成的话转述给金岳霖，金岳霖回答道："看来思成是真正爱你的，我不能伤害一个真正爱你的人，我应该退出。"于是，此事就告一段落，之后林徽因以自己的方式关心、照顾着金岳霖，三人终身保持着最真挚的友谊，成就了一段佳话。

坦率真实，冷静理性，林徽因就是这样用最高的理智驾驭自己的感情，这大概就是大智大勇吧。若是普通女子，当发现自己同时爱上两个人时，只会拘于世俗、压抑自己罢了，结果呢？反而让自己更加深陷其中。这个道理不难理解，这就像治理洪水一样，一味地用堵塞的方法，只能使洪水更加泛滥罢了。

事情已经发生了，那就勇敢地接受它、面对它吧！正如一位高僧说过的十二字箴言："面对它，接受它，处理它，放下它。"凭着这样的态度，林徽因理清楚了自己内心的想法——她爱金岳霖，亦是爱的理智，她对他更多的是一份钦佩和敬爱，现在的迷惘只是暂时的，毕竟当初她不会为了一场浪漫的爱情放弃平淡的生活，如今又怎么可能会为一个男子而抛弃温暖的巢穴。

也许你不禁要问，美好如林徽因，她的爱情应该是纯净透明的，为什么会有杂质？其实，杂质一直存在于爱情之中，因为我们每个人所处的红尘世界并不单纯。而爱情只是红尘世界中的一部分，正如同皮与毛的关系，所以往往杂质多多。有杂质？没有关系，重要的是你对待杂质的态度。

人生无常，命运多变，爱情里不乏欺骗、虚假、自私、贪婪等杂质，再深藏，它一不小心也会露出“狐狸尾巴”。繁华都市中见多了这样的男女故事，他说还爱着她，其实口是心非，掩饰外情罢了；她请求他放手，理由是需要自我，其实早已心猿意马。待双方丑事暴露，只能大加咒骂，仇恨加深。

说到“单纯”，这真的只是一厢情愿。相信每个女子都有类似的体验，会为某个男人的声音而着迷，同时会为某个男人举手投足的帅气倾心……作为一个女子，承认自己也有荒唐、放纵的内心并不悲惨，人生最悲惨的事情莫过于自欺欺人，不按照自己的心性生活，而是按照世俗的要求去过。

聪慧一点吧，接受现实，坦然面对，用人性的力量化解内心的困惑，用心灵的沟通代替人际的争执。事实上，所谓成熟的爱情并非仅限于没有杂质，而是历经风霜雨雪后结出的圣果，而真实会让一个单纯的女子瞬间长大，变得更加勇敢、坚强、知性，并激发出全新的生命力，如同林徽因。

剖析一下自己，对自己尽量诚实一点。很痛，为了让自己更像一个人，值得。想来林徽因这样聪慧的女子早已悟懂这些，她从不欺自欺人而只看真实，所以这个纷繁俗世没有将她漂染成五颜六色，她依旧还是那朵白莲，如梦似幻地植于世人心中，那么娉婷妖娆，那么赏心悦目。你，也可以！

聪明的女子值得同情

人们总说，女子是感性动物。很多美丽的女子，总是仗着自己的美貌，恣意发泄自己的感情。但是，林徽因这个拥有百年魅力的美人却不如此。无论什么时候，无论面对什么状况，她都能理性地思考、聪明地处理。

美丽，如果少了一点聪明，就仿佛一块华美的锦缎，遇不到一个好的裁缝一样。幸好，林徽因不仅仅有美丽，还有超越她那个年代的理性和智慧。

1933年9月的天津《大公报》的文艺副刊上，刊登了一篇冰心所著，题为《我们太太的客厅》的小说。这篇小说中描写了一位富家太太，经常在自家客厅当中，召集各色名流（当然，统统都是男性名流），借“沙龙”之名，行卖弄风姿之实。

这篇文章，本来是一篇讽刺20世纪30年代那些“不知亡国恨”的鸳鸯蝴蝶名流的文章。但是不怕没好事，就怕没好人，文章刊登不久，就有好事者认为《我们太太的客厅》中的“太太”，不是别人，就是林徽因，并把梁思成、徐志摩、金岳霖、沈从文等人与文中各色人等一一对号入座，沸沸扬扬的新闻一瞬之间传得满天都是。

在当时，有些无聊文人说，林徽因经常假借“沙龙”之名，在家中暗会情人；还有些无聊文人说，冰心之所以写这篇文章，是因为冰心暗恋梁思成，而且嫉妒林徽因的美貌，因此想借此拆散林徽因和梁思成，以便趁机取而代之。

没有哪个女子听说自己成了传闻(或好或坏)的主角而不去关注,包括林徽因。

没多久,林徽因就明白了,传闻的源头,其实就是冰心的一篇文章。

换作别的脑子糊涂的女子,听到自己被别人如此这般、这般如此地编排,肯定会在第一时间内去找事件的源头——冰心,文雅一点的跟冰心吵几句,稍微有点泼妇气概的恐怕就要连抓带挠,大打出手了。

理性的林徽因自然不会如此处理问题,那么,林徽因是如何平息这场风波的呢?

林徽因没吵也没闹,只是给冰心送去了一坛子醋——你可以理解成林徽因送冰心山西土特产,也可以理解成林徽因对冰心的反击。

事情解决了,事情也没解决——也就是说,事情模糊但完美地解决了。

如果林徽因真“杀”上冰心的家的话,会怎样呢?

当时林徽因和冰心的家都住在清华大学校内,而且两人的老公以及冰心本人都是清华的教师,林徽因是社会名流,著名的美女建筑家。无论时代如何变迁,人的八卦能力都是无穷无尽的,只要林徽因和冰心稍微有点摩擦,过不了几天,社会上就会又添一条名为“一篇文章引发的血案”,以及因此延伸的关于此案的一系列的桃色新闻。即使最终林徽因大获全胜,也等于间接承认“太太的客厅”里那些“浪漫的事”不是小说,而是林徽因本人的报告文学了。

林徽因之所以能模糊而完美地解决这件事情,是因为她是用脑子,用聪明,而不是用情绪来解决问题。

林徽因的聪明之一:解决问题之前,先做调查研究。

其实这调查研究做起来很容易,找份刊登文章的《大公报》就可以了。

看完文章，林徽因自然能明白，那文章里面的慵懒、无聊的太太跟心直口快的她根本不是一个人，那充满暧昧氛围的客厅跟她和诸位名士谈论国家大事的客厅也根本不是一回事。何况，在当时的北平，《我们太太的客厅》中的“太太”以及类似“太太的客厅”的所谓“名流沙龙”比比皆是。总而言之，冰心写的根本不是林徽因。普通人都懂得可以捡钱捡东西但是不能捡骂的道理，何况林徽因呢？

林徽因聪明之二：用脑子而不是用情绪解决问题

作为冰心的多年好友，林徽因自然了解冰心的为人和性格。冰心的父亲是海军军官，母亲是大家闺秀。冰心从小骑马打枪，“不爱红装爱武装”，同时却又博览群书，深受传统思想影响，因此冰心跟同时代的进步女性比起来，多了几分人格的独立，以及追求事业的激情，却在婚姻和爱情上少了几分激进。冰心一直捍卫婚姻尊严，维护贤妻良母的传统美德，体恤一切的悲情和贫困，也正因如此，即使在徐志摩对冰心说了“我的心肝五脏都坏了，要到你那里圣洁的地方去忏悔”，冰心也没有买徐志摩的账。连徐志摩都不惦记的冰心，还会惦记梁思成吗？

林徽因的聪明之三：不让传言腐蚀自己的智慧。

林徽因和冰心的私交不错，不少传闻说林徽因和冰心交恶，根据就是两家同在清华居住，但是却不常走动。其实也很好理解，当时冰心和吴文藻在北平多所大学任课，业余还要翻译著书，忙得连喘气的工夫都没有，还有时间串门子吗？

至于冰心嫉妒林徽因有才有貌那就更谈不上了，论才，冰心和林徽因不相伯仲；论貌，冰心也是“四大美人”之一。再说，让徐志摩心动的女子长得能差得了吗？

以上问题，是所有智商正常的女子都能想到，也都能想明白的。只是，很多女子遇到此类事件的时候，只会用感情，而不是用脑子解决问题。因此，没事，也有了事；小事，也成了大事。

姜岩原本是一个高中语文老师，后来在丈夫的一再要求下，辞职做了一个全职主妇。

跟所有的贤惠太太一样，她是最后一个得知丈夫有外遇的人。

当她得知丈夫有外遇的消息的时候，丈夫已经和那个肚皮舞教练爱得轰轰烈烈了，他们再所有场合里都摆出一副“你是风儿我是沙”的模样，恨不得立刻离婚，然后两个人好“缠缠绵绵到天涯”。

姜岩所有的朋友，包括小区的保洁阿姨都劝她找个机会，揪住负心汉和狐狸精，大闹一场，以解心头之恨。

大闹一场的主意，听起来很过瘾，但是闹完了结果会怎样，丈夫名声扫地，说不定会一怒之下和年轻的第三者走在一起。留下身心憔悴的自己、没有任何经济来源的自己独自过日子。

想到这里，姜岩决定理智地处理问题，她先将家里的动产和不动产保护起来，以便给自己和孩子一条退路。同时，姜岩还以自己独特的方式调查了那个第三者的情况。

每个社区，都有很多有大把空闲时间，逮住人就闲聊天的大嫂大妈，那个第三者所住的社区也是一样。

在了解了第三者的情况之后，姜岩开始了实施自己的计划，她对丈夫说自己要到姑姑家住一阵子，让丈夫找个保姆照顾孩子。

有的女子，认为只要对男人好，就可以从小三的手里抢回男人。殊不知，男人一旦变心，你对他再好也没用。原配对待变心的男人，与其让他看到自己的好，不如让他看到小三的坏。

任何一个女子，即使是鲜嫩欲滴的水仙仙子，一旦沦落成为专职炊事打扫的田螺姑娘，也会变成黄脸婆，所以，《牡丹亭》、《西厢记》的小姐身边才会有一个丫鬟，白素贞的身边才会有一个小青。

姜岩深深明白这一点。

姜岩虽然离开了家，但是还有社区大妈以及保洁阿姨、街坊邻居等无数女子的眼睛替她盯着家里的动向呢。

不出姜岩所料，丈夫找来的保姆不是别人，就是小三。

复杂的社会促使孩子早熟，不用姜岩嘱咐，孩子就把矛头对准了小三。

小三到家第一天晚上，孩子就罢了饭。鱼太淡，肉太咸，汤不鲜，饭太软……看着食不下咽的孩子，当父亲的也黑了脸，原本39号鞋底大小的脸，一下子拉长到了42号。

随后几天，这类合理但又麻烦的要求，一而再再而三地摆在了小三的面前，弄得小三天天手忙脚乱，一个头变得两个大，只要她对孩子略微有点反驳，孩子就用委屈的眼神看着父亲，当父亲的自然要护着孩子。

随着时间的推移，小三和姜岩老公的矛盾越来越深，彼此之间的缺点也越来越多地暴露出来，姜岩老公越来越频繁地念叨姜岩的好，最终，小三在姜岩老公的念叨之下逃之夭夭。

就这样，姜岩不费任何力气的打赢了自己的婚姻保卫战。

故事中的姜岩，无疑是聪明的，在得知丈夫外遇的事情之后，她没有大吵大闹，更没有寻死觅活，而是在保住后路的前提之下，认真地进行调查研究，做到知己知彼之后，认真权衡自己的优点和弱点，同时又给了小三一个展示自己弱点的平台。用自己的“长”对战小三的“短”，焉能不胜？

虽然女性是感性动物，但是无论你怎么感性，都不能忘记要给自己添加一点智慧。感性是水，女子是舟，水能载舟，亦能覆舟；理性是坝，女子是水，坝阻拦了水的恣意，也成就了水的美丽。

爱不轻浮，而是稳重的深沉

有人说，每一次重逢都是一场恩赐，每一段感情都是一场修行。我愿为你修行，你愿为我修行，尽管一路充满了艰辛和磨难，但只要内心坚定，信念就会化成披荆斩棘的利刃，跋过千山，涉过万水，终得正果。这就是爱，为了实现对爱人的千金一诺，我们必须对爱情负起责任。

在林徽因看来更是如此，爱不是轻浮的东西，而是一种稳重的深沉。

林徽因虽然拒绝了徐志摩的热烈追求，选择了平和踏实的梁思成。但与此同时，骨子里本就浪漫的她，又有些禁不起那段多梦的青春岁月的诱惑，更何况徐志摩为了她决然离婚，算得上是抛妻弃子，这种情谊谁能不感动？所以与徐志摩对视时，林徽因会有些意乱情迷。不过，这些只是暂时的，后来林徽因的思想变得理性，情感变得坚定，她将爱的责任牢牢把持在心中，爱得稳重深沉，和梁思成之间的情感有了快速的增进。

这一切，要从一场意外的车祸说起。

1923年5月7日，梁思成骑摩托上街参加"二十一条"国耻日示威游行，行到长安街时被军阀的一辆汽车撞倒，因为伤了筋骨，不得不住院治疗。林徽因闻此消息担心不已，每天到医院里看望梁思成，没有那种长辈教导的羞涩和矜持，她热心地同他谈话，为他喂饭或洗衣，无微不至。那时恰值炎热的初夏，梁思成经常汗水沾身，林徽因顾不得避讳主动为他擦拭身体，这是他们自恋爱以来最亲密的接近。

在医院住了几个月后，虽然梁思成的左腿留下了残疾，比右腿短了小小一截，但这期间林徽因和梁思成因为相依相伴感情迅速升温，他们视彼此为亲人一般地看待。并且，这次有惊无险的意外令林徽因深刻地懂得，爱情是美好的、浪漫的，但更重要的是两个人彼此尊重、关爱、照顾以及共同承担生活、共同经历风雨的责任。自此，她开始了关爱和支撑梁思成的一生。

爱情与责任的完美结合，使一份爱情真正完美起来。林徽因本是一个浪漫多情的女子，轻折一枝春花去装扮花瓶，拾捡一片落叶来夹进书扉。可当面临现实的压力、生活的包袱时，她毅然地扛起了这些无法推卸的责任，静守淡泊流年，不理繁华万千，做到了从容淡定，于此圆满。

是的，漫漫红尘中的感情，本就是一场劫数。我们所能做的，就是一路修行。修行的路，不是如挥舞剑花那般的行云流水，而是于茂密森林里静默的菩提，需要我们去寻找，去跋涉。遗憾的是，不少人禁不起诱惑，担不住责任，迷失了自我，迷茫前方的路。于是，便出现了这样或是那样的悲欢离合。

比如，在相爱的时候，有的恋人发誓爱比金坚，此情不渝，无论贫富福祸，都永不分离。可是，当一方身染恶疾后，另一方却视若瘟神，无情离去；当一方陷入生活困境时，另一方却大失所望，劳燕分飞。瞧，只有爱情，没有责任，海誓山盟不过是一纸空谈，天长地久也只是一时心动。

自牵手时起，两个人要风风雨雨，同舟共济几十年，这不是你爱我我爱你那么简单，仅靠爱情也是承载不动的，还必须靠一种理性的东西——责任。无论你选择谁，还是谁选择了你，这一生，都是逃不开的责任。当浪漫的爱情归于一种责任，生活也就归于本质了。我们，就当归于生活。

我们总是感动于那些相伴到老的夫妻，羡慕那些携手一生的爱情，但所谓的“爱情”于他们而言，其实就是蕴含在生活中的一餐饭，一勺饮，一粒药，一句嘱咐里面，他们甚至不再谈及爱情，青涩或盛年的爱早已融汇在一点一滴的相濡以沫中了，这便是一种责任，一种爱的修行。

爱，是一种稳重深沉的修行之路。

有这样一对中年夫妇，妻子从小体弱多病，手脚异常冰凉，先生每天晚上用自己的双手为妻子按摩搓脚，他细心揣摩按摩手法，时间长了，都快成了专业按摩师；当先生说出自己想吃的东西时，妻子一定会记得，并且在下班后买给他；下班回到家，狭小的厨房里，妻子不停地忙碌着，而先生也不闲着，浇花、收拾房间、扔垃圾等，两人有说有笑，消除了一天所有的疲劳，绵延出了无尽的满足与幸福；先生在单位遇到了不顺心的事心情不好，但妻子从未抱怨过，等先生的情绪稳定下来之后，再询问到底是怎么回事，帮他分析，一起想解决的办法……

几十年来，无数个朝朝暮暮，这对夫妻都是这么平静地生活着。虽然岁月在他们脸上毫不留情地留下了皱纹，虽然他们没有一束束的玫瑰花，没有一起吃过烛光晚餐，没有在朋友面前秀过恩爱……然而，他们一起承担起对对方、对生活的责任，举手投足间透着对对方的关爱，日子过得祥和而幸福。

责任，是负担，也是后盾，有了它，爱情才能够在漫长的岁月中升华为一种既是爱情，又高于爱情的情感，而这种情感，就像一首平仄的绝句，意境优美，起落有致，足以温暖我们的内心，让我们彼此在考验中相知，在困境中相爱，在终成正果后相守，最终得到一种所谓的圆满。

落日余晖下，两个老人搀扶着散步，这是林徽因和梁思成的幸福，令人羡慕之余又唏嘘不已。愿我们能够如林徽因一般，做一个柔弱而不失坚强，美丽而不失智慧的女子，选择爱情，也选择责任，爱得深沉，爱得绵长，修得圆满，给灵魂找到最安稳的归宿，再无需惧怕奔走于滚滚红尘。

走过重重雾霭，又见明月清风

人存于世是多么的艰难，要经历太多的大难大艰，面临太多的生离死别。纵使你是一个叱咤风云的女子，也不能力挽狂澜，起死回生。此时，若过不了这些坎儿，为此哭泣、抱怨、悔恨和惋惜，甚至失去了生活的勇气，那么就会举目只见“黄梅时节家家雨”，低眉即听“风过芭蕉雨滴残”。

林徽因应该算是一个坚强的女子，她不会为了某种事情而让自己深深沉沦，而是可以做到携一颗从容淡泊的心，笑看风尘起落的人间，静闻变幻万象的世间。或许，这也是因为她懂得，人的一生要经过许多历程，尝遍人生百味、走过重重雾霭，才会有深厚的阅历，又见明月清风。

对于林徽因来说，徐志摩的死是她心口难以愈合的伤痛。

1931年11月19日，徐志摩参加林徽因在北平协和小礼堂举办的中国建筑艺术的讲座，搭乘飞机由南京北上，结果飞机因雾难辨航向，坠入山谷，徐志摩不幸遇难。徐志摩的死是他命定的劫数，但在林徽因看来，徐志摩是因为自己而死的，倘若他不参加自己的学术讲座，又怎会发生这样的意外？更何况他是自己的初恋情人。她心含歉疚，泣不成声，她在散文《悼志摩》中说，“这之后许多思念他的日子，怕全是昏暗的苦楚，不会再有一点光明”，足见她的内心有多么痛。据说，林徽因让梁思成赶往事故现场，结果徐志摩的残骸始终找不到，梁思成只取回一块失事飞机的残骸，而林徽因将这块残骸挂在自己的卧室，以此表达对徐志摩永久的怀念。

尽管徐志摩的死几乎带走了林徽因内心对美好情怀的所有梦想，但她始终是一个聪慧的女子，不肯做一个悲情女子，不愿对生死劫数低头。1932年，她分别在元旦和正月两次致信给胡适，信中提到最多的则是徐志摩，她安慰自己说，死未必比生苦；之后，她已然拾起笔写下灵动的篇章，在悼念徐志摩的长诗《秋天，这秋天》中，她写道："这是秋天，秋天，风还该是温软，太阳仍笑着那微笑，闪着金银……"诗中纵是萧瑟之季，亦没有秋风秋雨愁煞人的悲伤，可见哪怕是怀念一个逝去的故人，林徽因的内心深处也是温软而柔情的，不会沉迷于悲痛；再后来，林徽因的日子又恢复了以往的平静，她的心底像被扫过了似的，那么干净，不留瑕疵。

无论一个人的内心有多强大，但在死亡面前都是软弱无力的。至亲至爱的人有一天先行而去，那种巨大的悲伤，寻常之人岂能轻易承担？而林徽因却可以坚强地面对，从容地应对，不至于让人生留下太多伤痕。这就是林徽因，她以美艳博得世人的喜欢，以聪慧赢得世人的爱慕，又以坚强博得世人的敬佩。

每一次变故都是人生的转弯，所谓似水流年，其实就是不耿耿于怀、疚恨不已，而可以很清楚地分辨出自己要走的路，或转弯，或前行，让自己轻巧地来往于梦与醒之间，出尘入世都收放自如。云有散开之时，疤有愈合之日，勇敢面对，心中便不会再有恐惧，其性也平，其情也安。心似莲花，瓣瓣沁香。

退一步说，这一生总有那么一些人是我们生命中的匆匆过客，他们就如同是过河必须投下的石子，是煮茗需要的薪火，总有一天会和我们散落在天涯，连同自己，有一天也要将生命交还给岁月。人在面对生死的时候，真的没办法不去相信那些冥冥中扣住的因果，只能各自上路，彼此祝福。

看过这样一个故事，很有哲理性：

大河边有一位老者正在垂钓，忽然一个妙龄女子掩面哭泣着跳进了河里。说时迟那时快，老者扔掉鱼竿一个箭步冲上去救起了女子。女子吐了几口河水，挣扎着仍要跳河，被老者一把拦住问："为何想不开？如此轻生？"

"唉……一言难尽啊，我……我刚结婚一年多，和丈夫一起开了一家酒店。酒店刚能稳定下来，谁知丈夫就因重病身亡了。我还这么年轻，他就离我而去了，这日子没法过了……"，女子一把鼻涕一把泪地说道。

老者惋惜地叹了一口气，安慰女子道："生死由命吧，富贵在天，你不要太悲哀了。再说了，这日子怎么没法过了呢？没有遇到他之前，你不是过得好好的吗?你现在只是重新回到一个人的生活，好好生活吧。"

听了老者的话，女子先是疑惑、发怔，继而点头会心地笑了。

是的，那些执手相看的背影，信誓旦旦的诺言，迟早有一天会恍若流水。毕竟，人生没有绝对的安稳，我们都是匆匆的过客，不能预测明天会丢失什么，也无从知道今天可以留得住什么。既然如此，不如勇敢且淡然地接受。就像寒梅无法选择季节，但却傲视冰霜；秋菊无法选择时令，却代秋天发言。

"告别痛苦的手只能由自己来挥动，用微笑将痛苦埋葬，才能看到希望的阳光。我没有起死回生的神力改变现实，但我有能力继续生活下去。"这是林徽因对待徐志摩之死的最终态度。这样一个坚强的女子，是值得让我们敬佩的——让岁月无痕，等月过风清，寥寥思愁，随烟成灰。

第2章 温柔要有，但不是妥协

民国初期的北京文化圈内不乏美女，但是最引人注目的当属林徽因。林徽因之所以可以从众多美女才女中脱颖而出，主要原因就是因为她独特的个性。她温柔优雅但是心直口快，从来不会人云亦云；她浪漫温柔但是恪守道德，面对不公事情一定会仗义直言；她朋友众多但是又兼顾家庭，从来不会让家里充满醋雨酸风……林徽因之所以能够做到这些，就是因为她懂得温柔与妥协的区别。

第2章 温柔要有，但不是妥协

民国初期的北京文化圈内不乏美女，但是最引人注目的当属林徽因。林徽因之所以可以从众多美女才女中脱颖而出，主要原因就是因为她独特的个性。她温柔优雅但是心直口快，从来不会人云亦云；她浪漫温柔但是恪守道德，面对不公事情一定会仗义执言；她朋友众多但是又兼顾家庭，从来不会让家里充满醋雨酸风……林徽因之所以能够做到这些，就是因为她懂得温柔与妥协的区别。

在她的心里潜伏着一个深渊，扔下巨石也发不出声音

“我喜欢你是寂静的，好像你已远去。你听起来像在悲叹，一只如鸽悲鸣的蝴蝶。让我在你的沉默中安静无声……”与徐志摩同期的智利著名诗人聂鲁达曾写过这么一段“颂歌”，来歌颂女子保持安静是多么诗意的事情；徐志摩也说：“最是那一低头的温柔，恰似水莲花不胜凉风的娇羞……”

的确，在男子眼里，沉默安静的女子是风情万种的，这就不难理解林徽因为何能够集万千才于一身——这个带着杭州诗意闲淡的美丽女子，

似一朵水莲一样徐徐绽放，淡淡清香，不聒噪，不张扬。而她丰富而含蓄的情感世界就像一个深渊，扔下巨石也发不出声音，却轻柔地落进每个人的心里。

而这一切，都是有因果的。

林徽因祖籍福建闽侯，父亲林长民擅诗文，工书法，是清末民初著名的学者和政治家。或许上帝是公平的，给了林徽因一个儒雅优秀的父亲，所以才安排了一个平凡的母亲。林徽因的母亲是林家的一个小妾，这是一个受过教育的旧式妇女，不懂琴棋书画，偏她又长成于养尊处优的商人家庭，不善操持家务，所以既得不到丈夫的温情，亦得不到婆婆的欢心。再后来，林徽因的父亲又娶了一位年轻温和的女子，母亲的地位更是一落千丈，性情变得阴晴不定，生出了抱怨责怪之心。那时候，林徽因和母亲住在后院，每当她从前院快乐地回来，总是会听到母亲无休止的数落。就这样，林徽因心里交织着对父母又爱又怨的矛盾感情，她爱那个儒雅优秀的父亲，却怨他对母亲的冷淡无情；她爱温暖关怀自己的母亲，却讨厌那无尽的吵闹和牢骚。

许多时候，林徽因总是独自一个人坐着沉默无语，她说："早年的家庭战争使我受到了永久的创伤。"多年以后，已是著名女诗人的她发表了一篇题目为《绣绣》的小说，讲述的是一位乖巧的女孩绣绣生活在一个不幸的家庭里，母亲没有文化，懦弱狭隘，父亲将其冷落，娶了新姨娘又生了孩子。绣绣每天在父母亲不尽的争吵中度日，心底隐藏着对父母亲爱恨交织的情感，以及爱莫能助的无奈，最终因病死去。虽然小说是虚构的，但它正是林徽因小时候那段生涯的写照。

人的性情多为天生，有些人骨子里就是安静的，有些人血液里躁动不安。但后天的启蒙亦尤为重要，许多人都在潜移默化的时光里慢慢地塑造了自己，熟悉又陌生，陌生又熟悉。细细想来，正是这一段痛苦的童年记忆，令林徽因懂得了不可言说的无奈，习惯了在沉默中安静无声。

若女子天生就是安静的性格倒不觉得特别，但林徽因的内心是浪漫热烈的，她渴望着爱与被爱，一生也不是没有过彷徨和惆怅，但她始终以一种淡然少语、清雅端然的姿态漫步在人间，守候在热闹的边缘，保持着独立的品格，于角落里寂然开放，独在平淡里慢行，这就让人感叹不已了。

想来世间最美的女子应该就是这样的吧，有一种遗世独立的安静，浅浅笑，轻轻唱；独处时，很安静；人群中，不张扬。守着一树似雪梨花，守着一池素色莲荷，把沉淀在心里的思想和孤独释放，缓慢地看光阴在不经意间老去，哪怕一个人垂首低眉都是画，让人平静安心，让人赏心悦目。

所以，世间的女子若想美好一点，不如持一份安静，携一缕清风，在文字中孑然行走。

与徐志摩相知相恋时，林徽因没有像世俗女子那样将“我爱你”挂在嘴边，她如康桥的柔波一般寂静，但她那浅浅一低首，深深一凝眸，胜过千言万语。在诗篇《你是人间四月天》中，她对爱情进行了诠释，里面有一句：“你是一树一树的花开，是燕，在梁间呢喃——你是爱，是暖，是希望，你是人间四月天！”这般诉说于纸上的的婉转细致的柔情，正可谓“曲径通幽处，无声胜有声”，别说徐志摩是一个浪漫到骨子里的诗人，就算他有一颗粗糙的心，也会被打动吧。

而与徐志摩相别红尘中时，林徽因依然是寂静的，她没有给徐志摩留下只言片语，而是在诗歌《那一晚》和《仍然》中坦陈心迹：“那一晚我的船推出了河心，澄蓝的天上托着密密的星。那一晚你的手牵着我的手，迷惘的星夜封锁起重愁。那一晚你和我分定了方向，两人各认取个生活的模样。”“每一角心境，你的眼睛望着，我却仍然没有回答，一片的沉静永远守住我的魂灵。”

文字，是女子表达内心世界的方式之一，是沉思和默想之中的温和和长远。尽管身处喧嚣与浮华的红尘中，但林徽因始终保持着一份恬淡的心境，用沉默的方式表达自身，在文字中敏感着、善良着、多情着、温柔着、多愁着、任性着、顽皮着、感动着……留给世人的皆是悸动后的平静。

在喧嚣的尘世里，如果有机会，就让我们做一个安静沉默的女子吧！以文字为介质，用文字安放自己的青春，矜持着自己的心事，用一颗淡然的心去生活，不要浮躁，不要繁华，清闲无事，坐卧随心。如此，灵魂就会如一朵浅淡的水莲，寂静地开放，伴着淡淡的花香，柔软了时光！

睿智的女子，想法总是与众不同

女子可以没有姣好的容貌，可以没有妖娆的身材，但一定不能没有自己的思想和意识；就算一时没有主见，也不能过分在意他人的意见，不能为他人的言语和决定而改变自己的意愿。否则，再美丽的外表，也是苍白无力的。这就犹如一朵干枯了的花，残花萎地，不忍睹之。

幸好，林徽因深谙此道，她活泼飘逸、富有主见，坚持做自己喜欢的事情，到处闪现着睿智的光芒，花开得分外鲜亮。

林徽因自幼聪慧，在培华女子中学读书后思维更有条理，说话更有逻辑，这令父亲非常骄傲，自称自己为“天才女儿的父亲”。1920年16岁的林徽因跟随父亲一同游历欧洲，巴黎、罗马、法兰克福、柏林等，每一个城市都那么美，古老而迷人的建筑，让她动容，让她过目难忘。定居伦敦时，父亲为林徽因雇了家庭教师辅导她的英语和钢琴，林徽因与家庭教师斐理璞及其家人相处得很愉快，后来她从斐理璞一个女儿口中第一次听到“建筑”一词，“我对建筑感兴趣，将来想成为工程师。”林徽因不知建筑为何物，但想到一路上所见的每一处景观，她陷入了沉思。

再后来，林徽因得知房东就是一位女建筑师，她便经常跟着对方一道出去慢慢欣赏每一处景色，写生、作画，交谈中林徽因知道了建筑师与盖房子的区别，懂得了建筑与艺术密不可分。用这样的眼光再去回想在国内、国外看过的庙宇和殿堂，她对这些建筑有了不同的理解和感受，萌生了学习建筑学、当工程师的梦想。1921年底林徽因与父亲返国，她的梦想遭到了母亲的反对，毕竟在那个年代几个女子出来有主见地做事？而且是搞设计和艺术沾边的，但林徽因主意已定。1924年7月她和梁思成前往美国的康奈尔大学留学，他们选了自己喜欢的课程开始补习，林徽因选择了户外写生和高等代数，梁思成选了三角、水彩静物和户外写生。一切，才刚刚开始。

林徽因是一个很有主见的女子，对爱情、生命、事业都有独到的看法，毅然决然地走自己的路。这样的女子不会不经大脑就人云亦云，跟从别人一起说闲话，也不会呆板无趣、僵硬乏味，相反周身会散发出超然脱俗的气质，不经意间彰显出独特的个性。这样的女子，叫男人怎能忍心不爱呢？

一位伟大的哲人说过："人，是靠思想站立着的。"而女子则更应如此。任何一个男子都欣赏有主见、有思想的女子，并且乐于追求这样的女子，毕竟他们都不希望自己娶到一个花瓶做老婆，更在意的是女子的内在，诸如独立自信的人格、丰富经验的积累以及是面面俱到的思考。

曾经，有一个男子在爱情的丁字路口困惑不前，左边是一个乖巧温顺的女子，右边是一个知性强势的女子。究竟该选择谁好呢？男子左右为难，很多亲朋劝他选择前者，毕竟过日子，还是顺从乖巧的好，可最后男子力排众议选择了后者。亲朋问及原因，他坦率地说："太乖巧的女子就像个提线木偶，我说什么她就听什么，从来没有自己的意见和个性，这样的女子让人放心和安心，可是没有激情、没有挑战，爱情和生活还有什么滋味？"那么另一个女子呢？男子提及时，激情澎湃地说："她很好啊，她有自己独立的见解，有自己独立的空间，我觉得和她在一起有意思。"细想一下，在徐志摩的情感世界里，张幼仪之所以输给林徽因原因也正是因为此。

女子的魅力，在于温柔，也在于个性。凡是高情商的女子都有其突出的个人魅力，这种魅力来源于她的个性，而她的个性又表现在她做人的方式、做事的风格上，凡事有自己的主见，哪怕总是与众不同。一个漂亮温柔的女子，如果再加上有主见，那么天下的男人就黯然失色了。

有主见的女子是自信的，彰显个性风采，却不过于张扬，相信自己的学识和认知能力，坚信自己的理想和抱负，懂得不断地学习和追求新的知识，让自己不断地进步。

有主见的女子是客观的，不庸俗，不世故，有自己看待事物的独特想法，有自己的独特思维，能够客观公正地看待问题，能明辨是非，不被表象所迷惑；不随波逐流，不人云亦云，更不受他人指使。

在这一点上，林徽因的表现也很明显：

一段时间，除了林徽因那思想保守的母亲不同意她出国留学外，她那接受过现代教育的姑姑也不同意。在姑姑看来，美国的女孩子不友好、太开放，她担心林徽因受她们的影响，也变成像她们一样。林徽因却指出："当你看透了表面的时候，你就会发现她们是世界上最好的伴侣。在中国，一个女孩子的价值完全取决于她的家庭。而在这里，有一种我所喜欢的民主精神。"

有主见的女子是勇敢的，真实坦诚，坚忍不拔，有自己的生活原则与方式，执着地追求自己心中的幸福，不被世俗的目光所阻挡，也不惧怕别人的嘲讽。

人生太短暂，时间不等人，收起你的犹豫、退缩和恐惧吧，放下你的种种担心和顾虑吧，问问自己的心，在有限的生命里，去爱自己真正爱的人，去做自己想做的事，去做最想成为的自己。满足自己在乎的事，勇敢地活出自己，你就不会给人生留下这样或那样的遗憾，也注定将获得人生的成功。

事实上，世间的每一位女子都是有思想的，所不同的只是有所差异，所不同的是能否能够从各自的阅历中独立思考，有所感悟，用心咀嚼。如果说女子是一把古琴的话，那么，你现在需要做的，就是找到那一根最适合自己的弦，并将它轻轻地拨响。只愿，弹一曲绝唱，谱一曲神话，此生无悔。

喜欢的就要拥有它，不要害怕辛苦

说起梦想，每个女子都不陌生。梦想，是我们年少时种下的芬芳，雨传意，风含情，于岁月的泥土里萌芽。只是，并非所有人的梦想会摇曳出生命的气息，青涩的叶，含露的花，醉了万千繁华。那些推不开的迷雾，迈不过的坎儿，总会使人生如戏仿如梦，繁华转头尽成空，空留残痕。

用浑噩来祭奠梦想，用想象来安慰疼痛，这不是林徽因所喜欢的。而这个女子之所以会被称为“优秀的女子”，除了具备天生的才情或者无与伦比的美丽之外，还有她具有吃苦耐劳的本领以及坚忍不拔的意志——她永远都会善待自己的梦想，喜欢的就要拥有它，不惧怕其中的辛苦。

经过一个多月的补习之后，林徽因和梁思成来到宾夕法尼亚大学建筑系报到，却得知一个坏消息：该校建筑系只收男生，不收女生。学校管理者给出的理由是，建筑系的学生经常需要夜里作图画画，很辛苦，这不是女孩子该做的事情，更何况林徽因看起来那么柔弱、诗意，与建筑界一点也不搭界。但林徽因并不肯就此妥协，和梁思成商量后，她改报了宾大美术系，同时选修了建筑系的主要课程。

那段时间，林徽因除了上课认真听讲、记笔记之外，业余时间几乎都泡在图书馆，她认真研究各种书籍文献，从中摘录重要的数据和评论，并把一些建筑图片用画笔表现出来。勤奋的努力，加之悟性特别好，林徽因的作业总是得到最高的分数或是偶尔得第二，老师曾夸奖她的建筑图纸“无懈可击”。之前，林徽因没有绘画和制图的基础，她几乎是从头学起，期间的辛苦可得而知。后来，她居然打破了宾夕法尼亚大学的校规，开始和梁思成一起上建筑课了，1926年上学期她还成为了建筑系教授的助手，下学期时已经是建筑设计课的辅导员，她离梦想越来越近了。

有梦不觉人生苦，林徽因带给我们一个小小的惊喜，女子原本可以如此温柔而坚强。在追求梦想的路上，过程虽然辛酸无奈，但是她用坚强、信念和坚持为自己撑开了一把人生之伞。她撑开的伞是一方天空，遮挡了风风雨雨；她撑开的伞是一朵花，开在我们的心中，摇曳了时光。

平凡的人生，如何让自己变得不平凡？一个不变的定理，那就是为梦想拼搏。每个女子都是如此，有自己的梦，那为何不去拼搏，不去努力？每个梦想都会遇到阻碍，难道就该放弃么？学着为梦想付出吧，无论你的生活多么烦琐，处境多么艰辛，记住绝对不要放弃梦想。

梦想是深藏在人们心灵深处最强烈的渴望，它像一粒种子，种在“心”的土壤里，尽管它很小，却可以生根开花。善待自己的梦想，坚持自己的梦想，这样的女子即便不用脂粉来涂抹自己，散发出来的独特魅力，也远远超过那些空有美丽容颜，内心却空无一物的女子，人生精华亦就此浮现。

一字排开都是梦，一路径走都是景，一心收容都是情，一身经历都是痛。梦想是甜蜜的，是多姿的，也是艰难的。有梦的人生是可贵的，梦想的可贵不在于梦想本身多么绚丽，而在于你为实现梦想付出过多少，经历了什么。疲倦了不要懈怠了心情，困乏了不要颠覆了岁月。待苦涩褪尽，必有芳香萦绕心间。

特莱艾•特伦恩特1965年生于津巴布韦，她只上了一年小学便不得不辍学回家做活，供哥哥上学。特莱艾有一个梦想，就是接受教育，每天哥哥放学后她就迫不及待地翻看哥哥的课本，帮助哥哥做功课。小学老师知情后，恳求特莱艾的父亲让她回校，然而父亲不为所动，并在特莱艾11

岁时将她嫁了出去。一晃十几年，特莱艾已经是五个孩子的母亲，年过30依然贫困，更糟糕的是她的丈夫是一位艾滋病患者，常常毒打她。但是，特莱艾并没有放弃接受教育的渴望。

正在此时，一个国际援助组织的志愿者团队路过特莱艾居住的村庄，特莱艾向带头的一位志愿者乔•拉克道出了自己的梦想。有幸，乔•拉克女士并没有笑看特莱艾这“荒谬透顶”的梦想，而是说了一句鼓舞人生的话——只要你有梦想，你就能实现。千里之行始于足下，特莱艾从为国际援助组织工作开始，攒下工资攻读函授课程，从小学课程一直补到高中，并被美国俄克拉荷马州立大学录取进本科学习。之后，她在持续的贫穷和疲累等种种困难中完成学业，直到2009年在美国西密执安大学获得哲学博士学位，现在她在国际援助组织担当项目评估专家。

自幼辍学，操劳家务；年幼嫁人，生活贫困；忍受着身患艾滋病丈夫的家庭暴力，可想而知特莱艾还能有多少人生追求、人生梦想和学业成就？可就在种种困境下，特莱艾始终铭记自己的梦想，没有放弃接受教育的渴望，并且为之奋斗。最终，她的命运得到了转机，生活掀开了新篇章。

世间最容易的事是坚持，最难的也是坚持。说它容易，是因为只要心中有信念，每个人都可以做到；说它难，是因为能够真正坚持下来，能够给梦想足够时间的人，太少。相信，每个女子心中都有自己的梦想和追求，比如开一间属于自己的咖啡厅，完成一次充实生命的环球之旅，资助一名失学儿童直至中学毕业。不管这个梦想是什么，都需要以一种执着的心态去追求。

寻梦是一次长跑，一路高歌，一路欢笑，一路挥汗如雨，一路拼搏骄傲，是否能超越的人，已不重要，重要的是这一路不辞辛苦，不曾顿足，为梦想而战，为年华而战，为人生而战！把最美的时光毫无保留地奉献出来，不经意间就唯美了一路的风景，那波澜壮阔的梦想，已然彼岸花开。

花，开半朵，最美

张爱玲说："女子在爱情中生出卑微之心，一直低，低到尘埃里，然后，从尘埃里开出一朵花来。"或许张爱玲不过是想告诉世间女子：爱情让人心生卑微。爱上一个人，你会觉得自己不过是这天底下一朵渺小的花朵，需要仰起头才能让他看到。若他看到了，那便是自己的幸运。

因为这句话，世间太多女子以爱之名一次次地放低自己，低到了尘埃里，就算卑微也满心欢喜。拼命扎根、发芽、吸收阳光和雨露，哪一桩不是为了让他看到自己的怒放？只可惜，爱情的根基在于平等，失却了平等的根系，花儿怎么能怒放呢？就算怒放了，再过人的芬芳，也不过是一时之景。

卑微是留不住人心的，还是张爱玲，她深爱着胡兰成，飞蛾扑火般坚决，爱他的风流倜傥，爱他的才华，全情投入，倾其所有，把自己一生的喜怒哀乐维系于心爱的男子身上……但是胡兰成呢？他只是一时的逢场作戏，无关"今生今世"的。他在赞美张爱玲的时候，也一样赞美着她的好朋友炎樱；甚至他与她在一起时，还偷偷与苏青密会。从"开出花来"到"自我萎谢"不过短短三年,爱情的花期如此短暂,胡兰成固然是错,但谁说不是因了张爱玲的卑微?

同是才华卓越的民国女子，林徽因对待爱情的态度明显要比张爱玲理智一些，聪明一些。她明白，爱情是伟大的，但爱应该从容，而不是卑微，更不是拼命，女子无需为爱赴汤蹈火，冲动地做傻事，也不必为爱对方而委屈自我，牺牲自我，失去自我，违心地活着，那样的生命是不完整的。

林徽因是深爱梁思成的，但嫁为人妇后，她没有因为爱，因为心爱的男子，而将自己一味地“奉献”给家庭，对梁思成无微不至，事无巨细，甚至没有自己的原则底线。平日里除了料理家事之外，空闲时间她便一心编字画目录，或者阅读各种各样的书籍。她自信地显露才情，时刻懂得关注自己的感受和成长，她甚至觉得，那个手捧诗书、静弹箜篌的女子才是真正的自己。这种有张有弛，有法有度的贤惠，使她收获了满满的自信和优雅，从而更从容地享受婚姻生活。

在爱情里，林徽因很温柔，很体贴，但她又是一个会始终坚持自己的看法，不会妥协的女子。比如，当因为一些事情和梁思成发生争端时，她不会唯唯诺诺，委曲求全，而是公正公平地讲道理，有时夫妇俩比记忆，互相考测，哪座雕塑原座何处石窟、哪行诗句出自谁的诗集，始终保持一种男女平等的姿态，有理有节地保护自己，最终在感情的龙凤斗中掌握主动权，立于不败之地，享受到了实实在在的爱情。

另一件事，就是林徽因如实坦白地告诉梁思成她爱上了金岳霖后，梁思成理解了林徽因，尊重林徽因选择“你是自由的……”多么朴实的一句话，多么让人感动的一句话。尊重爱人选择的生命方式，是对爱最大的敬意；真爱一个人不是占有，而是为了对方的幸福可以割舍自己的幸福。从这里我们可以看出，林徽因夫妻之间的感情是何等的崇高和神圣，是何等的稳定和坚固。

林徽因是一个会始终坚持自己的看法和生活方式，不会妥协的女子，可以让与爱有关的一切都是淡淡的、透明的，这注定了她不会因为相爱而忧伤，不会因为相爱而猜忌。民国时期文人中流行着一句俏皮话：“文章是自己的好，老婆是人家的好。”梁思成则将其改成“文章是老婆的好，老婆是自己的好”。

爱得从容，不是爱得不深，而是爱得很清淡，很理智，很悠远。张爱玲说的那句话，我们不妨换个角度去理解：因为爱上了他，所以在卑微的尘埃里努力地生长，然后让自己开成一朵花。爱得从容一点，爱得淡一点，花开半朵、酒醉微熏，方能让爱细水长流，才有悠长回味。

事实上，爱情是需要尊严与平等的，这不是所谓的门当户对，而是一种在同一个起点的互动，彼此关心、爱护、照顾，以及心与心的交流。有一句话是“宁可高傲地发霉，不去卑微的恋爱”，任何时候，女子都不能卑贱地爱，要爱得不卑不亢，这样才能让男子又爱又敬，也才能拥有幸福的生活。

下面这个故事就很能说明这一点：

玛格丽特•米切尔，美国现代著名女作家，为中国读者所熟悉的美国著名小说《飘》(由小说改编的电影名《乱世佳人》)的原作者。由于母亲早逝，玛格丽特不得不从中学辍学操持家务，如同《飘》中的女主人公郝思嘉一样，她生来就有一种反叛的气质。

成年后凭着一时的冲动，玛格丽特嫁给了酒商厄普肖，但这段婚姻不久便以失败告终。与其说是厄普肖冷酷无情、酗酒成性的原因，不如说是玛格丽特的婚姻爱情观的具体体现。因为尽管知道厄普肖有不少缺陷，她都深深地迷恋于对方，甚至是一种仰天崇拜的姿势，这无疑助长了厄普肖的狂放不羁，对玛格丽特越来越不在乎。

这场婚姻的不幸，让玛格丽特明白了女子在婚姻中的平等性。之后，她很快便重新振作，嫁给了记者约翰•马什。玛格丽特打破当时的惯例，在门牌上写下了两个人的名字，她说：“我要告诉所有人，里面住着的是两个主人，他们是完全平等的。”更让守旧的亚特兰大社交界惊讶的是，她不从夫姓。

好在约翰•马什也提倡夫妻之间的平等，同他的这次结合是玛格丽特的幸运。马什一直支持和深爱玛格丽特，也正是在他的鼓励和支持下，玛格丽特开始默默从事她所喜欢的写作，十年后《飘》正式出版，她一夜成名。

爱得越冲动，心便会迷失；爱得越从容，心便越理智。

爱要对等，无需一味妥协，更不要爱得失去自我。爱对方，七分就好，剩下的三分爱自己。爱情这朵花，最好的感觉有时只需花开半朵，半朵就够了，花开太满或开太浅都容易夭折！捻一朵半开的花，轻嗅。只要半开的，朝气，阳光，不含羞，不张扬，不极致，就没有绝望的荼靡。

红尘辗转几多殇，不如，浅浅地爱着，长长地爱着……

温婉如花，独立如树

女子柔弱，女子善良，女子感性，所以自古以来有人把女子比作花，把男人比作树。男人如树，高大挺拔，坚强不屈，为家人遮风挡雨雨，是顶梁的木，擎天的柱；女子如花，千娇百媚，芳香四溢，闻一下使人心旷神怡。世界上既有花，又有树，各有千秋，这才构成了阡陌红尘。

女子如花骄绽芳华自然不假，但若身心过于娇弱，一味地依附大树，一旦被风雨浸湿就香消玉殒，也只能"无可奈何花落去"了。纵然有"零落成泥撵作尘，只有香如故"的留恋和叹息，也只能是一种遗憾了。看上去再美的爱情也逃不过一拍两散的结局，爱终将陷入泪痕的尘埃里。

看看Emma的日子你就知道了。

当年Emma年轻漂亮且多才多艺，吸引了众多异性的倾慕眼光，最终她嫁给了一位英俊潇洒、事业成功的男子，所有人都觉得她的前途一片光明。Emma也觉得自己"背靠大树好乘凉"，于是干脆辞掉工作回家了，不看书了，也不跳舞了，整天搓麻将，追求服饰品牌，花钱如流水。结果不到一年，老公和Emma提出了离婚。Emma悲痛欲绝，眼泪不止，"为了支持他干好事业，我放弃了自己的工作，一心一意地照顾他的衣食住行，万万没想到他居然要跟我离婚……"

Emma的遭遇实在令人同情，但她的老公似乎也满腹委屈："当初Emma不仅长得漂亮，而且爱好文学，勤奋好学，这正是吸引我的地方。可结婚后她没有自己的追求了，把全部的希望都寄托在我身上，不好好工作、没有什么追求不说，还总是喜欢黏着我。我的工作需要常常出差，她有事没事总是发信息，晚上半夜还要发，要是我不给她回信息，她就伤心了。唉，我多么希望，她在情感上是一个能够倾诉衷肠的温柔女子，在事业上是一个独立果敢的理智伙伴。”

也许你会说，Emma的遭遇只是一个意外情况。但假如，你没有工作，成天坐享其成、依靠男人生活，这样你真的感到快乐吗？你可以找到自我存在的价值吗？你就真有足够的安全感吗？那样连生存都是问题，谈何人生幸福？更何况，还有句话说：“靠山山要倒，靠男人男人也会跑。”

事实上，真正的好女子，无论是富贵似牡丹，婀娜如玫瑰，还是淡雅若兰花，在柔情似水的外表下，都应该有一颗独立坚强的心。欣赏林徽因，欣赏这位温婉如花、独立如树的女子，她用似水的柔情妩媚了爱情，用坚强的风骨装点了人生，彰显了她的自强、自立、果敢、坚毅……

林徽因是柔美的，也是独立的，她不愿头顶的美人光环影响了她的事业，她的理想，更不愿活在男人的光环下。有一次，金岳霖打趣梁思成，奉承林徽因道“梁上君子，林下美人”，梁思成听了很高兴，林徽因却不以为然，“真讨厌，什么美人不美人的，还林下美人，好像一个女子就没有什么事可做，只配作摆设似的！”从这样的话里，不难看出，林徽因是非常看重自我存在的价值的，也倡导女子的独立和自由，这也注定了她此生不会只是一位贤妻良母型的女子。

1928年，林徽因在宾夕法尼亚大学毕业了，她跟随着梁思成回国了，并前往沈阳东北大学任教。梁思成的收入已颇能养家糊口，林徽因原本是无须教课的，那个年代女老师也很少见，但为了明白自己梦想的价值所在，为了给中国的建筑学添砖加瓦，林徽因决定和梁思成一起教课，研究全世界的建筑史。

刚开始，建筑系的学生们还不懂得“建筑”是什么东西，是怎么一回事，两人又不想照搬外国的资料，便将留学时学到的知识分出绘图、设计、建筑学、美学等学科，并通过分析一些中国建筑，细细地教授给学生。也正是因为这样，两个人的备课量越来越大，事情越来越多，沈阳的冬天，夜晚总是来得格外早，两人常常工作到夜半时分，但是林徽因不觉得辛苦，反而觉得和心爱的人一起奋斗是幸福的，做自己喜欢的工作是充实的。梁思成心疼林徽因，总是把还未批改的学生作业放到自己办公桌前，然后嘱咐林徽因快去睡觉。林徽因执拗不过梁思成时，总是甜甜一笑，沏一杯清茶放在案头，然后带着丈夫满满的关爱去睡觉。

1929年1月梁思成的父亲梁启超去世了，林徽因本来就不适应北方的寒冷天气，体质大不如前，这一场失去亲人的变故更是让她身心俱疲，加之强烈的妊娠反应，整个人迅速消瘦下去，但她还坚持要给学生们上课。梁思成极力劝阻，林徽因却说："站在讲台上，面对着我的学生，我才能暂时忘掉身体的不适。"多年后，林徽因解释道："当初我出国留学的初衷就是要做一番事业，如果我放弃自己的事业，放弃自己追求的初衷，等同于当初的选择就是一个失败。这不是我的性格，我不会这么做。女子不仅要做一个称职的妻子，也要能在事业上获得成功。"

林徽因是一个小女子，需要丈夫的关爱，也喜欢照顾丈夫，是一个称职的妻子。但她又独立自信，不愿依附丈夫，而是凭自己的能力去打拼。她终究是一个以惊人美貌、绝代才情、事业鼎盛以及美满的婚姻家庭等诸多美好聚集于一身的女子，所以给人的感觉永远都是那样高不可攀。

女子必须独立，不依靠于别人，不受缚于他人。欣赏舒婷的《致橡树》："我如果爱你，绝不像攀缘的凌霄花，借你的高枝炫耀自己。我必须是你身旁的一株木棉，作为树的形象和你站在一起。你有你的桐枝铁干，像刀、像剑、也像枪；我有我的红硕花朵，像沉重的叹息，又像英勇的火炬。”

鲜花开时很明艳，但很容易枯萎，而树，却可以一生常青。优雅而独立的女子不但要用心找到一棵属于自己的树，更要用心把自己也植成一棵树，一棵与爱人并肩而立的大树，一棵与爱人共挡风雨的大树。不论何时何地，都能摒弃浮华喧嚣，涤荡躁气浊音，超越贫富生死，永远执手相依。

林徽因就是这样的女子，智慧和容貌艳压群芳，又有一种顶天立地的胸襟和气魄，在散淡悠然的境界中品味生命底蕴的纯味——有人也喜欢将这种女子叫为“一棵开花的树”，女子如花，温婉娇艳，摇曳有姿；女子似树，不畏风雨，昂然独立。放眼望去，风光无限，流年不殇……

愿世间的女子，均做一棵开花的树。

任何东西都可被替代……但是你不能无力自拔

“人生若只如初见”，短短的七个字道尽人生多少悲凉，道尽人生多少无奈，我们也时常会感慨：人生若只如初见，那又该多好啊！可是，世上的任何东西都是可被替代的，“人生若只如初见”只是一种美好的愿望。蓦然回首，曾经沧海只怕早已换了人间，只剩下了一身的怅然。

“人生若只如初见，何事秋风悲画扇？”芸芸浮生，缘起缘灭，彼此擦肩而去，如烟花的瞬美，已悄然而逝。珍重，至此所寄托的也只有这些。不必纠结于它如樱花般灿烂易逝，更不必沉迷于失去后的落寞忧伤。倘若再见，他亦是他，即使相对无言。落花流水春去也，天上人间。

当林徽因和梁思成在美国过着留学生活时，徐志摩和陆小曼有了美丽的邂逅和刻骨的恋情。陆小曼亦是一位风情美丽、才华卓绝的京城名媛，但不同于林徽因的端庄秀美、清雅内敛，她是充满风情的美，美艳、张扬、招摇、妩媚、叛逆……为了要和徐志摩在一起，她不惜与丈夫王赓离婚，流掉了腹中胎儿。而徐志摩亦不顾家人反对，至死要和陆小曼在一起。他们的爱情在当时可谓是波澜壮阔，惊天动地，后来历经磨难，他们终为夫妻。这个时期，陆小曼成了徐志摩诗歌的源泉，他说：“我的诗魂的滋养全得靠你”“你占有我的爱，我的灵，我的肉”……

“我的文字是为你而生，一如我来到人间，是因了你的存在”，这是徐志摩曾经对林徽因说过的话，现在他不顾一切地深刻地爱上了陆小曼，后者成为了他灵感的源泉。没人知道，徐志摩和陆小曼的热恋给林徽因带来了怎样的冲击，但被人替代的感觉应该是凄凉的吧。但林徽因清楚，纵便自己有深深的失望，淡淡的失落，也该隐藏在心底，不与任何人说起。毕竟当初是自己先和徐志摩说“再见”的，她不能自私地希望徐志摩默默地守护、挚爱她一生，这世间也只有一个金岳霖。再后来，林徽因不再背负对徐志摩的眷恋和愧疚，心安理得地嫁给了梁思成，亦和徐志摩做起了知己。或许对于林徽因来说，在那段锦瑟光年里，他们曾经那么温柔地相爱过、拥有过，真的足矣。

徐志摩的人生观是一种单纯的信仰，这里面有三个方面：一个是爱，一个是自由，一个是美，而徐志摩眼中的林徽因，恰恰把这三者水乳般地交融成完整的一体，是徐志摩人生理想达到至美至善境界的女神化身。林徽因，对于徐志摩而言，应该是无可替代的。只是，这世界上，有无可替代的人和事吗？

初见，惊艳。风再起，换了人间。徐志摩与陆小曼的热恋，结束了“我将在茫茫人海中，寻找我人生之唯一伴侣。得之，我幸，不得，我命。如此而已。”的无奈等待，在林徽因的世界里淡然离开，留下了“悄悄的我走了，正如我悄悄的来；我挥一挥衣袖，不带走一片云彩。”的空白。

所幸，林徽因美丽的心和美丽的诗一样，都是可遇而不可求的。她知道时间可以翻手为云、覆手为雨，任何东西都是可被代替的，爱情、往事、记忆、失望……都是如此，任何时候人都不能无力自拔，不要过于偏激和强求。倘若有一天发觉拥有的爱已不在，可以选择温柔地放下。

相形之下，一些女子就显得不够淡然了，其中汉成帝的宠妃班婕妤尤为典型。

班婕妤是汉成帝的后宫妃子，才德貌三者兼备，被誉为美好妇德的化身，一度深受汉成帝宠爱，两人相敬如宾，为师为友。可惜好景不长，没几年，舞姿如燕、妩媚风流的绝代佳人赵飞燕入宫了，汉成帝移情别恋了，班婕妤被冷落了，落得个居怨深宫。山盟虽在，情已成空，这是班婕妤始料不及的。再也得不到汉成帝的轻怜蜜爱了，深宫寂寂，岁月悠悠，她觉得冤屈，也感到无奈，自此以“秋扇”自比，“新裂齐纨素，鲜洁如霜雪。裁为合欢扇，团团似明月。出入君怀袖，动摇微风发。常恐秋节至，凉飙夺炎热。弃捐箧笥中，恩情中道绝。”通过这首《团扇诗》，一个顾影自怜女子形象出现了，而诗赋中无限的悲凉情怀，使人不忍卒读，肝肠寸断。

此后，失去情意的女子几乎都步入了班婕妤的后尘——暗伤秋扇，不能自拔，只为固守那一份初见的美好。

“人生若只如初见”，短短七个字，道尽人生多少悲凉，道尽人生多少无奈，一度思量，一阵心痛，清泪暗弹。当初是谁未珍惜？现在是谁在犹悔？人心使然罢了。于是乎，纳兰性德大师的诗句横空出世了——“人生若只如初见，何事秋风悲画扇。等闲变却故人心，却道故人心易变!”

试问，时光荏苒，岁月迷离。一颗饱满的人心被打磨得单薄无力，而往日真挚的情感也随着流年渐次地薄凉。走过春朝秋夕，谁还能一如既往，不改初见模样？曾经深爱的人会容颜老去，曾经稚嫩的心已饱经沧桑，试问谁还能如初时那般相待？既然如此，又何须指责，何必纠结呢？

梁思成呢？尽管他与林徽因曾海誓山盟，携手半生，共历风雨，但待林徽因去世后，梁思成却再娶了另一个女子，重新开始自己的另一个故事，林徽因也只是云中过客。如果林徽因泉下有知，她会心痛吗？还会一如既往地坚持当初的那个选择吗？想必会吧，她的一辈子已经走完，可梁思成还要活下去。

别把爱情理解得太极端，有情不必终老，无情未必就是决绝。爱过了，错过了，泪过了，痛过了，多年以后再回首，一切不过过眼烟云，红尘一笑，还不如现在就忘却三生石上的未了情缘，只留下初见时的一泓柔情，超然于红尘之外，凛然于正气之间。这是何等美妙的人生境界。

更何况，最美的风景在心中，不在远处。曾经，初相遇是怎样的一种情怀？人生若只如初见，岂不是人生最好的写照吗？也许生活就是这样的，拥有的往往不会去珍惜，失去了才觉得可贵，才觉得美好。失去的原因有很多，但终究我们不再拥有，能留一份美好的记忆也不失为一种得到。

人生若只如初见，只一句，说尽开始，也道尽结局。

娇小的身体里，有常人不及的张力

张爱玲说，中国女子善低头，无关身份，无关年华。的确，行走在红尘世间的女子最美的姿态之一，恐怕就是“那一低头的温柔，那低眉浅笑的娇羞……”这也该是每一个女子都会有的姿态之一吧，犹如《诗经》里那个蒹葭丛中巧笑倩兮的女子，妩媚了时光，惊艳了红尘。

林徽因，便是这样的女子——早年的她，梳着两条垂到肩膀的细辫，双眸清亮如水，双眉修长如画，五官秀气，自有一番江南女子的小巧温婉。但你若认为林徽因只是如此那就错了，因为她娇小的身体里藏有常人不能及的张力：她做什么都是理直气壮，同时全力以赴。

对，理直气壮，她理直气壮地写诗，理直气壮地研究建筑，理直气壮地告诉梁思成，她爱上了另外一个男人。她理直气壮地活得简单纯粹、绝不妥协，寻常女子断不敢如她那么理直气壮，但她觉得自己值得这样。千娇百媚照样可以活出另一番骄傲和刚强，这或许就是林徽因的魅力所在。

徐志摩死后，在与民国名媛凌叔华的“夺宝记”中，林徽因的张力表现无遗。

徐志摩是一个写日记的诗人，是一个会把恋情写进日记里的作家，与陆小曼结婚后，为避嫌疑，他把一个放有旧日记的小皮箱交给好友凌叔华保管，箱子里除了遗稿和陆小曼的两册日记外，还有两册或三册与林徽因相识相知的《康桥日记》。他一死问题来了。林徽因和陆小曼都想方设法向凌叔华索要皮箱，陆小曼取回丈夫的遗物，是为了为其撰写自传；林徽因的目的则是为了讨回与她有关的《康桥日记》，看看那时徐志摩究竟都写了些什么，并且保护自己的情感隐私。

凌叔华说什么都不愿将小皮箱交给林徽因，她说死者曾说日记将来要给陆小曼收藏，也说过材料要留给自己为他作传。但是，林徽因认为这是有关自己情感方面的隐私，理应物归原主，后来她请出徐志摩生前的好友胡适帮忙交涉，胡适谎言要将徐志摩的书信收集出版，终于拿到了皮箱，但最关键的一本《康桥日记》却被凌叔华留下了。林徽因继续努力，胡适继续帮忙，凌叔华才把《康桥日记》交给胡适，她嘱咐胡适将来转给陆小曼，但胡适还是转给了林徽因。得知实情后，凌叔华当然不会罢休，找林徽因讨要小皮箱。或许为了让凌叔华心理平衡点，林徽因让凌叔华带走了陆小曼的两册日记。

得到《康桥日记》后，林徽因对胡适等人明确地表示，这些日记在当时是不宜出版的，也不急着用这些材料作传，目前“只是收储保存”。然而，时至今日，《康桥日记》始终未能再见天日，据说是被人“烧毁”了。人们津津乐道的林徽因和再别康桥背后的那些暧昧敏感、鲜为人知的往事在红尘的烟云渐渐消散了……

作为女子，好名声是最体面的妆容，胜过一切的美貌与智慧，胜过一切的学历和财产。林徽因固然深知这一点，《康桥日记》是有关自己尊严的事情，为了保全自己的名声，她夺“宝”夺得理直气壮，最终。十几年过去了，那些红尘烟云湮灭，她依然保持着自己的清纯和自尊，圣洁如莲。

历人间悲欢离合，叹人世起起浮浮。林徽因柔弱但不软弱，她时而柔美似碧玉，清新可爱；时而刚毅如男儿，挺拔不屈。女子刚而不柔，脆也；柔而不刚，弱也；柔而刚，韧也。她用智慧将“刚”“柔”融为一体，至善至柔，至刚至强，刚柔并济，终成为了生活与命运的主宰，令世人仰望。

在现代职场上，一些女子由于性格柔弱、过分善良，会沦为可怜的“受气包”和无奈的“变形金刚”，忍无可忍也容忍、改变自身求容身。但一味忍气吞声、逆来顺受，只会让自己受苦，状若“怨妇”。这时候，非常有必要学学林徽因刚柔并济的智慧，要有自己的原则，为自己抗争。

尹娜性格柔顺，很上进，大学毕业后进入R广告公司做文案，她对这份工作充满了期待，可却在第一天就遇到了棘手的问题。“尹娜帮我把文件发了”“尹娜帮我订一下午饭”……有的同事倚老卖老，有意地请她做这做那。尹娜虽然知道这是讨好同事的捷径，但也明白若自己顺从的话，以后大家会更不客气的。于是，她一概回绝了同事们的请求，“我是来做文案的，不是跑腿的”。

“公司内对新人有个不成文的规定：新人要任劳任怨，为老同事跑腿，尹娜是所有新人中第一个敢拒绝的人。”一个同事说，“大部分新人出于讨好老同事的目的，都乐于跑腿，而尹娜的做法令人侧目。”另一个同事也赞叹道：“她看起来很柔弱，但实际上却很有个性和胆量，这正是职场需要的，她赢得了我们的尊重”。如今，老同事再没要求过尹娜跑腿，并且与她的关系更加融洽。

柔与刚，作为一种策略，无论何种场合，不可偏颇。从理论上讲，柔，体现友善、涵养、通情达理；刚，则显示尊严、原则和力量。身处阡陌红尘，女子就该如此，刚柔并济，温柔但不妥协，时而如驯服温柔的猫咪，时而如迅猛下山的虎豹，时而表现出柔情似水，时而勃发出男子气概。

对于此，老子说：“上善若水，水善利万物而不争。”的确，天下之至柔莫过于水，丝丝顺滑，至柔至美；天下之至刚亦莫过于水，劈山开石，奔泻千里。水之柔在于其温文如玉，滋润万物；水之刚在于其惊涛拍岸，滚滚千里。老子关于刚柔并济之水的思考于女子的张力实在贴切自然。

水，刚柔相济；水，沉浮人生。馨于静流，响在波澜。美好的女子当如水，拥有水的柔美娴静；美好的女子当如水，饱含水的刚毅自强。柔性中蕴含着刚毅，随意中透着执着，万变中显出不变。在不同的阶段，体现不同的自我。千回百转，情意绵绵；荡涤污垢，纯净依然……

容易伤害别人和自己的，总是对距离的边缘模糊不清的人

“天街小雨润如酥，草色遥看近却无！”细细品味唐代文学家韩愈的这首《天街小雨》，总会想到一条非常重要的生活哲理——距离产生美。初春观草色需要远看，现实生活中的美景，又何尝不是如此！君子之交，其淡若水。女子之交亦如是，远而不疏，淡却有味，何尝不美妙。

论及交友，林徽因少了一份感性，多了一份理智，不管面临怎样的诱惑，她都懂得“距离产生美”的道理。与人交往时保持一定的距离，远远近近自己定，原则是让自己愉快，让别人轻松，又不乏美感。因为这种美，她隔着如许烟波岁月，隔着一些男人的深情，美成书页中的一个剪影。

哲学大师金岳霖深深爱着林徽因，与林徽因夫妇是好朋友，志趣相投，交情也深，长期以来，一直是毗邻而居，对林徽因呵护有加。林徽因被这个成熟稳重的男子打动，对他生出了不由自主的依恋。但是这种迷惘只是暂时的，因为她深知自己爱着丈夫和自己的小家，所以和金岳霖始终保持一种距离，发乎于情，止乎于理。

没有人不渴望“执子之手，与子偕老”的完美爱情，金岳霖也许有过抱得美人归的念头吧，但那估计也只是一闪而过。一是林徽因对自己虽然很依恋，但始终坚持适度原则，有节有度，这种距离让他不敢轻易逾越；二是他认为林徽因和梁思成两小无猜、郎才女貌，结合得好，不忍心也没把握介入；三是梁思成是真心爱着林徽因，这已令他感到满足。所以，金岳霖约束情感退守一隅，对林徽因保持距离，做隔岸的相守，甘心为她终身不娶，一生不变，死后亦相守。

金岳霖情深若此，林徽因这一生自当无悔。的确，让一个男子爱你一时一刻并不难，爱你一生一世、默默相守却是难事。与其说林徽因是幸运的，不如说她是智慧的，她在与金岳霖交往相处中，既不太疏远也不过于亲密，亲而有间，疏而有密，故双方都惺惺相惜，无比珍视，这种高尚的情谊流传千古。

试想，林徽因与金岳霖因相互敬慕、相互欣赏不小心模糊了界限，毁了一段秦晋之好不说，还可能在朝夕相处中摩擦不断，恐怕曾经的优点也会在对方日夜的注视下，成了不可忍受的缺憾。是那处风景变了吗？是那个人变了吗？都不是，是距离变了，无间的距离让心态变了，让对美的企盼变了。

容易伤害别人和自己的，总是对距离的边缘模糊不清的人。

芊芊和男友认识有一年时间了，两人如胶似漆，整天想黏在一起，后来便未婚同居了，一起上班，一起买菜做饭，一起看电视……可同居一段时间后，芊芊却意识到，同居非但没能让两个人的感情升温，还伤害了如胶似漆的关系，男友似乎对自己没有那种怦然心动的感觉了。她不明白，自己对男友无话不谈，无事不议，按说两人关系应该越来越亲近呀，为什么反而没有感觉了呢？

对此，男友解释道："芊芊以前很喜欢美，每次出现在我面前时都是穿着好看的衣服，化着精致的妆容，可住在一起后，她总是一副素面朝天的样子，她每天做什么我都知道，她每天想什么都会告诉我，甚至更衣如厕全都在我面前一览无余。她在我面前没有一点的隐私可言，我不是不爱她了，只是觉得渐趋乏味。"

毫无疑问，两人的生活距离近了，可是心理距离却渐行渐远了。

现实生活当中，总有女子声泪俱下地控诉："为什么他在追我的时候对我那么好，追到手了却像变了个人，对我毫不珍惜？男人都不是好东西！”你为他流泪、为他悲哀。你以为这是对爱情的背叛，其实这只是出于人的本性：得不到的，永远是最好的。轻易得到的，往往不懂珍惜。

终于领悟，有些美只可远观却不可亵玩。亦如有些人，当我们和他有些距离时，他反倒觉得我们很美，美得让人驻足欣赏，美得让人心驰神往。既然如此，无论是友情，无论是爱情，都不如恪守“距离产生美”的真理吧。保持淡如水的情谊，平平淡淡才是真，一杯清水也醉人。

亲人之间，距离是尊重；爱人之间，距离是美丽；朋友之间，距离是爱护；同事之间，距离是友好；陌生人之间，距离是礼貌。正如，优雅的山峰，欣赏其优雅即可，无需身临其境；汹涌的大海，领悟其汹涌即可，无需登上轮船；湛蓝的天空，欣赏其湛蓝即可，无需翱翔天际。

越慎重，越恒久。犹如淙淙溪流，没有喧嚣、不闻声响，却绵长久远。

是的，因为有距离，才会有“迢迢牵牛星，皎皎河汉女”七七相会的快乐，才会有“君住长江头，妾住长江尾”的相思相忆；因为有距离，才会有“遥知兄弟登高处，遍插茱萸少一人”的浓浓乡情，才有了“莫愁前路无知己，天下谁人不识君”的相安互慰，距离是一种不可名状的情感美。

高尚的心灵之交，是一种超脱的关系，没有复杂厚重的人情冷暖，不掺杂精打细算的功利纠葛。与人保持一定的距离，像淡淡的清茶、浅浅的溪流，没有负担，没有索取，没有是非，没有利害，相聚只因同道。短短距离，将感情推得长长又遥遥；距离短短，将人生拉得迢迢又远远。

雾里看花花更艳，水中赏月月似仙。

女子当如林徽因，男子莫过金岳霖。

大是大非前，绝不含糊

行走在繁杂红尘，我们每个人身上都沾满了烟火味，而这烟火味会让我们看起来有浓浓的人情味。当我们追求尘世的幸福和成功时，学会人情世故就是一场必修课了。因为世故，我们外圆内方，能够很好地处理生活中的各种矛盾，在面对许多人和事的时候，能够处之泰然，安然自得。

但在世故的同时，我们也不能忘了自己的原则，做人的底线，那就是，在大是大非上绝对不能含糊，有着自己独立的判断和见解，不屈服于强权和暴力，处处讲究正义，做人清清白白，一身浩然之气。如此，内可聚集而成大智慧，外可迸发而成大作为，举止投足间流荡出自信的光芒。

无疑，这样的女子是聪慧的，也是勇敢的，正如林徽因。

20世纪30年代时，林徽因凭借自己的才气和人气，在一个文学作品评选活动中担任评委。看过一些作品后，林徽因发觉当今文学中存在创造力缺乏和写作动机不纯正等弊端。那些作者中不乏有名气、有地位的人，但林徽因不管这些，她毫不掩饰地指出了那些弊端，并强调文学作品最重要的是诚实，故意选择一些自认为浪漫、自己却不了解的生活为表现题材，用自己没有的情感骗取读者的同情，这样的作品只会让人感到不耐烦，这样的作者只会让人感到失望。

1953年，一股要扫掉北京古建筑的思潮兴起，当局决定拆掉故宫的大城墙和城门楼。林徽因和梁思成则认为，北京是个古代文化建筑集中的城市，完整地反映了封建社会的政治、经济、文化、思想，犹如一个巨大的博物馆，是拆不得的，相反应该好好地保存和保护才是，她还提出了一个绝妙的构想：让古城墙变成北京城的人民公园，砌花池，栽花木，供市民休息娱乐、游戏纳凉……尽管如此，但是对城楼、城墙和牌楼的拆除还是大规模地展开了，林徽因强撑病体去找北京市领导，与当时主张拆迁的北京市副市长吴晗发生了一场面对面的激烈争论。

对此，同济大学教授陈从周回忆道："她（指林徽因）指着吴晗的鼻子，大声谴责。虽然那时她肺病已重，喉音失嗓，然而为了保住永定门城楼不被拆，她还在据理力争，在她的神情与气氛中，真是句句是深情——'你们拆去的是有着八百年历史的真古董……将来，你们迟早会后悔，那个时候你们要盖的就是假古董！'"在那个年代，冒犯上级领导是政治问题，是危险的，但林徽因不怕。林徽因当日的金刚怒吼，必将永远环绕在每一名具有良知血性的中国学者心头。

面对当年文学中存在的各种弊端，林徽因敢于批评，仗义执言，用自己的意见和建议来使社会风气得到改善；为了保护建筑文物，林徽因坚决抵制，不辞辛苦，据理力争，这证明了林徽因虽然浪漫温柔，但在大是大非上绝对不含糊。她是一个大写的人，一个大写的女人，一个让人信赖和敬慕的女子。

可惜的是，在大多数女子的秉性中，所缺乏的就是毫无正义感。根本原因在于，女子的思维是比较感性的，没有逻辑可循，缺乏判断力和思考力。由此也可看出，对于女子而言，在大是大非前做出选择，是一件不容易做到的事情，这需要一种修养，需要一种觉悟，需要一种聪慧。

不随流俗，不昧良心，不惧权贵，直指社会问题，不惧社会强权。以堂堂正正的方式表现自己的正气，以正义之气唤起大家的正义感，博得多数人的支持和叫好，如此自己也就会更坚强，更有力量，这是聪明女子的举动。正心发正念，正念出正气，每位女子都该拥有这样一股正气。

苏珊大学毕业后来到某市一家西餐馆打工，她本想学些炒菜技术，结果两个月过去了，技术没学到，杂七杂八的活倒干了不少，险些累倒了。累也就罢了，偏偏还要受餐馆主管的气。那个主管是外国人，是餐馆里的大厨师，级别最高，他自以为比别人高一等，把在餐馆打工的中国人几乎欺负遍了。可是谁也不敢吭一声，大家都知道要是触怒了这个外国大厨，就甭想在餐馆里待下去了。

苏珊对洋主管仗势欺人的做法十分恼怒，这份怒火在心里压得久了，终于寻到机会爆发了。这天洋主管平白无故地对着苏珊叽里呱啦地用英语大骂了一顿，然后又“啪”的一声打扁了苏珊的帽子。苏珊屏住呼吸，一拳击中了洋主管的小腹，然后又是一记狠狠的右勾拳，打得洋主管满地找牙……眼前的一幕使餐馆的伙计们目瞪口呆，但她们随即欢呼起来，朝着苏珊又是伸大拇指，又是啧啧称赞。

很快，经理叫苏珊去一趟办公室。看来洋主管告状去了，自己有被“炒鱿鱼”的危险，但是一想到身后那么多同仇敌忾的伙计，苏珊就什么也不怕了，胸脯挺得高高的。大家也跟着到了办公室，七嘴八舌地对经理嚷嚷开了：“经理，不关苏珊的事，是主管先动手的。”“没错，主管平时就老欺负人！”“对，我们都可以作证！”…… 经理见到这个阵势，心里已经大致明白了原委，一番调查后将那位洋主管炒了“鱿鱼”。苏珊勇敢地表现正气，并凭着群体的力量为自己、为同事、为中国人争了一口气。

在世人眼里，女子的力量总是微薄弱小的，但在大是大非前，如果我们能勇敢地表现正气，必将面向大海，春暖花开。设想，如果因惧怕而忍气吞声，唯唯诺诺，那么只能听任灾难的发生。还有谁能逃脱这场浩劫呢？一个悲剧的受害者，也同时成为了这个悲剧的推波助澜者。

一个女子，正直做事，需要智慧；一个女子，正气立身，需要勇气。

第3章　即使仅有一线力量，也要飞向蓝穹

很多人知道，林徽因是一名著名的、学有所成的建筑学家，但是很多人不知道的是，林徽因为了实现这个建筑学家所付出的艰辛和努力。林徽因原本可以凭借她的美貌，像陆小曼一样趁早出名，然后年纪轻轻就嫁于权贵。当陆小曼在社交场上风头大出的时候，林徽因却埋头书斋。为了实现建筑家的梦想，她远渡重洋，几换专业，漫步深山老林，调查研究古寺，甚至为了保护建筑文物而当众大哭，她就像一朵美丽的花儿一样，零落地攒集力量，最终让自己的生命从容地舒展出积累的芬芳。

第3章　即使仅有一线力量，也要飞向蓝穹

很多人知道，林徽因是一名著名的、学有所成的建筑学家，但是很多人不知道的是，林徽因为了实现这个建筑学家所付出的艰辛和努力。林徽因原本可以凭借她的美貌，像陆小曼一样趁早出名，然后年纪轻轻就嫁于权贵。当陆小曼在社交场上风头大出的时候，林徽因却埋头书斋。为了实现建筑家的梦想，她远渡重洋，几换专业，漫步深山老林，调查研究古寺，甚至为了保护建筑文物而当众大哭，她就像一朵美丽的花儿一样，零落地攒集力量，最终让自己的生命从容地舒展出积累的芬芳。

零落地攒集，从容地舒展

一个漂亮的女子如果拥有一个充满智慧的大脑，这已是锦上添花，要是她还踏实勤奋，努力地在人生的舞台上展示自己，那就已经注定了世界会因她而绽放，这也正是成为一代才女佳人的必要条件。

林徽因很美，美丽的外表，高雅的气质，浪漫的爱情，美得几乎无与伦比。她又很勤奋，学贯中西，兼通文理，不仅诗文写得好，还是中国第一位女建筑师，优秀得让人羡慕不已。我们可以说林徽因是天生丽质，但也要承认，这是林徽因内在才艺多年修炼一朝示人后必然的结果。

在美国宾夕法尼亚大学留学期间，林徽因学习是十分努力的，这从她能被建筑系破例录取到担任辅导员可见一斑。1925年父亲中流弹身亡，林徽因得此噩耗后悲痛万分，不过她丝毫没有放松自己的学业，1927年她以优异的成绩获得美术学士学位，提前一年完成学业。在那个年代，林徽因在学业上已经算是功成名就了，但她没有停止于此，之后又进入耶鲁大学戏剧学院学习舞台美术设计。据说，林徽因是中国第一位到国外学习舞美专业的学生。凭借勤奋好学的努力，林徽因不仅能掌控舞台的视觉效果，还能考虑舞台上场景的变换、演员的调度，甚是优秀。

1928年3月21日，林徽因和梁思成在加拿大渥太华举行婚礼，不久他们按照梁启超的安排，动身去欧洲旅游。这是林徽因第二次游历欧洲了，与年少时走马观花不一样，她将这次游历看成学习。英国的圣保罗大教堂、议会大厦、水晶宫；法国的凡尔赛、罗浮宫；西班牙阿尔罕布拉宫……每到一处，林徽因都会仔细研究建筑的结构，并将自己的心得感受记在随身携带的一个日记本上。当然，自幼爱好文字的林徽因也没有放弃思考，每当空闲之时她就会让心沉静下来，阅读如流的诗歌……

这一段时间是林徽因汲取知识的“黄金期”，她毫不懈怠，而这些零落的攒集，赋予了她舒展自己的力量，她随时准备着芬芳吐露。

学美术、学建筑、学舞台设计、学诗歌……林徽因虽是一位民国女子，却乘着年轻，乘着年华正好，不断接触新思想、学习新知识，使自己不断成长。也正因了这份勤奋的努力，她在繁复尘世中绚丽出场，尽情地舒展才华功绩，雁过留声，雨过留痕，她的名字载入千年古册，流芳传史。

是否能把人看成是一粒种子？在土壤里埋下之后，扎根，发芽，开各样的花，结各式的果，缔各自的缘。有些种子虽然只是小小的一粒，但它饱含对生命的热情与渴望，将根深深地扎入土壤，充分吸取营养，最终冲破了包裹着自身的果核，又拱出了坚硬的土壤，舒展出美丽的花瓣，惊艳于世。

林徽因不就是如此么？不过，她应该是一粒莲花的种子，微雨西湖，莲花徐徐舒展绽放。她临寒孑立，风华绝代；始终清洁，始终高贵。

岁月如歌，光阴迈着一成不变的脚步，不急不缓地走着，走过一次次月阴日晴，走过一个个春夏秋冬。亮丽转瞬消逝，美貌不是女子行走于世的资本，每一个女子都实在应该用心学习，勤于体会，善于积累，争取在最好的年华里奉献自己的芳华，留给众人一抹美丽，这样才不留遗憾。

别说自己没有天资，或没有机会，永远。“不积跬步，无以至千里；不积小流，无以成江海”，毕竟任何能力的形成都不是一朝一夕就可以做到的，都需要一点点的积累。厚积薄发，待到合适的时机，才能一鼓作气、一飞冲天。如果没有厚积，就没有底蕴，还谈何爆发呢？

听过这样一个讲座，主讲师告诉大家他正在努力做一只优雅的鸭子，说希望大家也做一只优雅的鸭子，大家不解。他说，一只鸭子在水面上游着，上半身很优雅地直直的一动不动，水面静静的，平静似乎没有被打破，可鸭子却在一直往前游。为何？我们以为鸭子不动，实际上鸭子的双脚在水下不停地努力划着水。我们要学习的就是这样的鸭子，拼命划好“水下的双脚”，才能让自己活得优雅。

这个世界中，没有一个女子天生是优秀的，即使是林徽因，也是一步步迈向成功的，更别说我们了。要想成为一个优秀的女子，不努力怎么行呢？不管你多么渺小，也不管你多么微不足道，去做一粒向上的种子吧，抑或做一只优雅的鸭子，不断地充实自己，不断地提高自己，亦不断地完善自己。

经过少年时的意气风发，经过青年时的静心思考，慢慢积累，一点点，滴水穿石；一点点，滴水成海；一点点，滴水润田……厚积薄发，所有的努力终会开花结果，你终究会真正地美好起来，你的世界会出现一种平坦，甚至是辽阔，和地面恰恰平行着舒展开来，永远向前伸……

别错认学位作学问

“昨夜西风凋碧树，独上重楼，望断天涯路。”

“衣带渐宽终不悔，为伊消得人憔悴。”

“众里寻她千百度，蓦然回首，那人却在灯火阑珊处。”

这三句本是描写爱情中相思的诗句，后经国学大师王国维提炼为“悬思——苦索——顿悟”的治学三重境界。倘若把林徽因放在一个境界里，她想必是“在灯火阑珊处”的那人。作为一个现代知识女子，她令人心仪的不是掌握知识的多少，而在其灵性，因为她从未错认学位作学问。

学位的具体体现是一张纸，一个证书。这张纸需要汗水，需要才华，是勤劳和智慧的结晶和回报；所谓学问就是多知多学，才学兼备，说土一点就是一个人肚子里的墨水。学位和学问都是可以追求的，但林徽因很通达，凭借知识，运用心得，能够举一反三、融会贯通，多了一份灵性美。

林徽因聪明绝伦，出身名门，自幼饱读诗书，又曾留学美国，学习建筑和舞台设计，加之精通英语，这样的女子在民国是少见的，也是优秀的。徐志摩担心生活会宠坏林徽因，她会一直是爱做美梦的娇小姐，但事实证明林徽因学问重于学位，她不仅获得了大学学位，还获得了真才实学。比如，1935年冬天她应曹禺之请设计《财狂》布景，她不知花费了多大的功夫去设计，富于诗意的小楼、弯弯的扶梯、远远的小月亮门、含羞逼真的树木……而且无论从角度还是明朗度来看都和谐一体，形成了一幅美丽逼真的画境，堪称为舞台设计空前的惊人的成功，那几天《益世报》《大公报》连日赞扬林徽因。如果说之前林徽因舞台设计理论学得好的话，这次该是她实力的最好证明了。

早在梁思成留学期间，梁启超就将国内无人能懂的宋代古籍《营造法式》寄给他，希望儿子能破解它，然而要破解这部天书就必须找到宋以前的建筑实地调查，回国后梁思成和林徽因应邀请加入了研究建筑文献的学术团体“中国营造学会”，开始了建筑实践的考察，林徽因一同前往。他们的第一个目标是京郊的卧佛寺，考察完毕夫妇俩合作完成了《平郊建筑杂录》一文。“无论哪一个巍峨的古城楼，或一角倾颓的殿基的灵魂里，无形中都在诉说，乃至于歌唱……”这篇考察报告记述准确而又有条理，文笔活泼生动，读起来丝毫没有学究气。由此可见，林徽因不仅有着丰富的建筑史知识，还有着独到的审美眼光，能见人所未见，发人所未发。

学位是“死”的，学问是“活”的。只有学位，只能让人看到一块石头就是一块石头，一粒沙子就是一粒沙子。学问，却能让人从一块石头里看到风景，从一粒沙子里发现灵魂。也唯有这种运用知识创造知识的智慧，才最靠得住，最有意义，最可宝贵。这就好比蜜蜂将采集来的花粉制成了甘甜的蜜糖。

现实生活中，有些女子以为自己学历高就是有学问，食古不化，食今亦不化，不知融会贯通，举一不能反三，结果终身都跳不出书本的圈子，这样的女子就像蚂蚁一样，蚂蚁虽然称得上是勤奋，却不过只是把采集的食物搬来搬去，是一个头脑简单的搬运工，实在说不上“智慧”二字。

一位科学家曾做一个实验，交给两个助手一人一只灯泡，要求他们各自想办法求出灯泡的体积。其中一名助手迷信课本上的知识，却不知道如何应用，对灯泡又是用尺子测量，又是用公式计算，忙了半天也没有忙出结果来，束手无策了；另一位助手找来一杯水，把灯泡投入水中，灯泡排出一定体积的水，拿出灯泡，根据烧杯中的空出部分，很快计算出灯泡的体积。

学位与学问，蜜蜂与蚂蚁，相互比较，谁更令人佩服呢？不言而喻。

知识是有限的，再博学的知识在无限面前也会黯然失色。

智慧是富于创造性的，其不被有限所困，面对无限反而显得生机勃勃。

从学问中锻炼出来的智慧，不是浮光，而是探照灯，可以透过云层，照射到青空的境地。

所以，你若想成为像林徽因一样令人敬佩的女子，一样知性的气质，你不仅需要追求高的学历，更需要一份智慧——不唯书本，以智慧去笼罩学问、透视学问、运用学问。相信，你定能把知识转化为能力，更好地显示自身价值！

路漫漫其修远兮，愿你我携手同行。

循着林岸，穷究你的泉源

如果家庭中的女子之美是一种母性光辉的话，那么事业中的女子之美则如一朵盛开的花，它展现的美丽不仅仅是色彩的艳丽、浓郁的香气，更重要的是超过其本身美丽程度的态度，而且这种美还是可以宣扬的、可以传播的。前提是，这种美必须以热爱为基调，也就是说要热爱自己的事业。

林徽因对古建筑的钟情，就像她与文字的情结，陪伴了她一辈子，不离不弃。这份热爱，使她在发展自己事业的道路上，一步一步地留下坚实的足印，也使她自强、自立、主张、坚韧、快乐、灵性，焕发出了一种无与伦比的美丽光辉，令人不禁要循着林岸，穷究那密林深处的泉源。

作为建筑师，林徽因和梁思成是生不逢时的，中国从20世纪20年代起不停的是动乱和破坏，建筑大多已被破坏，但他们还是与中国营造学社的同仁们，以非凡的热情投入到了中国的建设事业中。最初梁思成是反对林徽因一同做这一项工作的，毕竟搞建筑是实打实的，长途跋涉，风餐露宿，爬梁上柱也危险，这样的工作不适合女性来做，更不适合像林徽因这样的大家闺秀。但林徽因深知自己热爱着建筑，毅然跟随梁思成奔走于全国各个城市，夜以继日地钻研古建筑艺术。旅社跳蚤猖獗，沿途土匪出没，道路交通不便，深入荒僻山村，可以想象林徽因为此历尽了多少磨难。

值得一提的是对山西云冈石窟的考察，多年来针对云冈石窟的研究少之又少，林徽因和梁思成等人决定开个先例。当他们一行来到云冈石窟时，面前一片荒芜的景象，没有树，连草都很少，住的旅馆更是没有，他们只好租住在一间连门窗都没有的农户家里。更糟糕的是，当地气候中午炎热晚上寒冷，食物只有土豆和玉米面糊糊。林徽因从小受到父母和家人的娇惯，哪里受过这种委屈，但她不怕累更不怕苦，每天攀爬到绵延的峭壁上、穿梭于积年的尘土中，对石窟进行认真的测绘、考察，历经数天他们终于将云冈石窟的建筑艺术做了系统研究，并很快写出了相关的论文。

那美丽而娇小的身体里面，得有多么强劲的能量才能够忍受这些苦累，这个集美丽与智慧于一身的女子回答："因为热爱，所以不觉苦。"是的，她原本可以安心过相夫教子的幸福生活，出于对建筑事业的热爱，出于对艺术无止境的追求，她选择做一条山间的溪流，汩汩流动，一路向前。

因为热爱，激情和智慧在这个女子身上，保持着一种令人震撼的饱和状态，她变得更聪明、更成熟，也更快乐。这正印证了一句哲语："如果工作是一种兴趣，那么人生就是天堂。"热爱生命的人，就应该热爱自己的工作，把事业当成生命。我们喜欢这种境界，更应该追求这种境界。

热爱事业是一切的开始，不是吗？

两个人，同样都是石匠，同样在雕塑石像，如果你问他们："你在这做什么？"他们中的一个人可能会垂头丧气地说："你看到了嘛，我正在凿石头，凿完这块我就可以回家了。唉，这是一份很辛苦的工作。"另一个人可能会骄傲地指着石雕说："你看到了嘛，我正在做一件精美绝伦的艺术品。"

前者视工作为惩罚，为负担，在他嘴里最常吐出的一个字就是"累"，结果即使不卖力气，也会感到精疲力竭；后者永远以工作为荣，工作为乐，在他嘴里最常吐出的一句话是“这个工作很有意义”，如此不论工作大小，他都会感到快乐，有一种成就感。天堂，还是地狱，都是由我们自己建造的。

看看商界那些事业有成的女子吧，她们热爱工作，精明干练、沉稳果断，言谈举止中流露出来的独立自主，有着不让须眉的冷静和坚韧，落又不失女子的风情万种，工作让她们成为一个个独特而有内涵的女子，在竞争激烈的商界构筑起一道靓丽的风景线，让人赏心悦目。

“世界第一女CEO”，惠普公司前董事会主席兼首席执行官卡莉•费奥瑞纳就是一个典型，她说：“我不能给你建议，我只知道，工作从未让我感到枯燥乏味，我也从未尝过失业的滋味，这并非我的运气，而在于我从不把工作视为毫无乐趣的苦役，却能从工作中找到无限的快乐”。

热爱事业可以创造出非凡的成果，可以造就出一个各方面优秀的女子。

让我们把有限的生命投入到无限的工作中吧，通过事业将自身的潜能逐渐发挥出来，实现自身的充实和快乐，变成一个新时代富有内涵的女子，将生命中一切可圈可点的灿烂，融进生命如歌的旋律中。无论是激扬的，还是舒缓的，在悠悠岁月的长河中，惬意地荡起丝丝的涟漪。

秋天的骄傲是果实，不是萌芽

世间女子嫁为他妇时，总会面临一个两难的选择，一个是“家庭”，一个是“事业”。事业重要还是家庭重要，这似乎是一个鸡与鸡蛋的问题：没有事业，以何来支持整个家庭？家庭不支持，事业便会有顾虑。要事业？还是要家庭？多少女子曾经或正在为此左右徘徊，大伤脑筋。

不过，总有一些聪明女子会在事业与家庭中间搭架一个灵动的“跷跷板”，一边是事业，一边是婚姻，既不为家庭所累而平庸一生，又不为了事业而不顾家庭，尽情地展示着自己而不至于失衡，也自此开启了双丰收的美好人生。林徽因的人生是美好的，很大程度上就在于她的平衡力。

林徽因对待热爱的事业是认真的，1924年她与梁思成一道留学美国进修建筑系课程；1928年8月回国，受聘于东北大学建筑系；1929年，为东北大学校设计了“白山黑水”图案的校徽；1931年受聘于北平“中国营造学社”，之后开始了长达数年的古建筑实地勘测工作……这期间，她像一个男子一样热情积极地投入工作，把文学当作自己的命，把建筑当作自己的魂，无论是气势还是行为丝毫不输给男子，不畏艰辛，精明能干。或许是受了母亲急脾气的影响，林徽因在工作中遇到一些难办的问题时，有时会脾气暴躁，言辞激烈，一度被称为“女强人”。

不过，林徽因这个“女强人”令人生敬却不生畏。回到家中，她会一改工作中严肃、庄重的面孔，尽妻子应该尽到的责任，料理三餐，洗衣晾被，关心丈夫，照顾孩子，家事被她打理得井井有条，她可谓“上得了厅堂，下得了厨房”的典范。更重要的是，她还会尽情地享受家庭生活，闲暇之余会静静地品一杯香茶，赏几首诗词，留几道墨迹……女子味淡淡地浓浓地就是在这里。就这样，林徽因和梁思成的感情不仅没有受到繁忙事业的影响，还不断升温了，生活得惬意而宁静。

秋天的骄傲是果实，不是萌芽。

林徽因的人生像秋天一样果实累累，她的家世，她的美貌，她的才华，都是值得她骄傲的资本，但她却没有因此骄傲或者蒙蔽自己，而是精耕细作着人生——从事自己喜欢的建筑事业，与爱人举案齐眉、同进同退，家事打理得井井有条，闲暇之余还能做些创诗、著书等风雅的事情，并且都成绩斐然。

做女子能做到林徽因这样的程度，应该是幸福的最高境界了吧。如此看来，事业与家庭虽然有时候会有冲突，但并不矛盾。不要因为埋头事业而忽视家庭，也不要因为操持家庭而放弃事业，站在“跷跷板”的中间，事业上激情，生活上柔情，你就能美丽如花，清新如茶，丰富如歌……

这靠的是智慧，韧性和爱，缺一不可。

毛雯雯是珠宝业的“大姐大”，她聪明干练、敢作敢为，是商界的骄傲。与不少强女子差强人意的婚姻相比，毛雯雯拥有一份幸福的婚姻，丈夫刘迪对她百般宠爱，这令不少人羡慕不已，纷纷向毛雯雯讨教秘诀。毛雯雯莞尔一笑道：“秘诀倒没有，不过我信奉回到家做一个小女子的信条!”

为了学会这一诀窍，一个同样是商界女精英却婚姻不如意的朋友跟着毛雯雯回到了家。朋友刚坐下，刘迪就热情地递过一杯水。毛雯雯娇嗔道：“给我也倒杯水吧，人家上班都累死了，也不知道怜香惜玉!哼!”

刘迪笑答：“你又不是客人!自己倒!”

“不行”，毛雯雯不干了，但她没有生气地说“你必须给我倒”，而是嘟着小嘴说道："好啦好啦，我就想喝喝你亲手倒的茶，怎么了？晚上我给你做最爱吃的酸菜鱼怎么样，你要是不给我倒，我可就不做了哦！"

终于，刘迪乐呵呵地起身去倒水，并对这位朋友说道："毛雯雯是一个很能干的女子，脾气也不很好，时常要跟我耍耍小性子，但是看着她嗔媚的样子，我爱都爱不过来，又怎么舍得怪她呢！"

事业上，你可以睿智勤奋，可以坚毅果断，但回到家你得多一份柔情，多一份关爱，多一份妩媚。这样的女子不会随着岁月流逝而失去光彩，不会随着年龄增长而丧失荣耀，因为她自身散发的智慧与美丽之光，将朗照天宇，震彻苍穹。这样的美丽也自会流芳千古，美名不息。

平衡的过程永不停歇，你的努力也应永不停止。不去创造，再美的青春也结不出硕果。

最好还要有热情

对于一个女子而言，一份工作，一个职业，十年几十年做下来，如果不完全是因为生存需要，拿什么来保有一份如初的热情和干劲？努力还不够，还必须热爱，热爱也还不够，最好还要有信仰，至真至诚的信仰。信仰！是来自生命深处的精神动力，能够生成一份恒久的支撑。

把工作和职业做成事业，把事业作为一种生命的支撑，你便获得了一份坚定坚守的信念，你的事业中便有了一种单纯执着的信仰，将催生无穷的创造和创新活力。成功，就是执着地信仰事业，对事业具有高度使命感、责任感，不懈奋斗。这是来自林徽因关于工作、事业、信仰的实证回答。

对建筑的热爱，是林徽因与梁思成最和谐的地方，两个人一起在美国留学攻读建筑，一起游历欧洲，参观那些著名的建筑，他们结婚的日期挑的是北宋一个著名建筑师李诫的生日，他们给儿子取名叫“从诫”，是希望他能成为李诫那样的建筑学家。自从留学归来后，两人就真正地投身于中国的建筑事业中，在东北大学教授建筑课程；在清华大学成立建筑系、营造学社……这些还不够，林徽因作为中心人物被爱慕者如众星捧月般包围的人物，后来在穷乡僻壤，荒寺古庙中不顾重病，不惧艰辛地与梁思成日复一日地进行古建筑考察，对中国古建筑的研究与保护做出了很大的贡献。

对于事业，风吹不走她的坚定，雨淋不落她的赤诚。她还曾写过这样一句诗：“信仰坐在我们之间多久了？”这样超越尘俗的诘问怎能不让人心生敬佩。不得不说，建筑事业是林徽因为自己的人生除了爱情外找到了另一个支点。林徽因则更现实，更宽广，生命的根也扎得更深。

事业的信仰是什么？就是当你拥有一切之后还想做的事。林徽因这个柔弱的江南女子，在有了金钱、威望、成就感之后，还愿意披挂着诗的羽翼，捧抚着对建筑的狂热，坚持与梁思成东奔西走，出入荒僻之地，跋山涉水，做着一些根本不会有人赏识的工作。在那样的乱世，除了信仰的力量，什么还能做到呢？

欣赏和敬重这样一些女子，对她们而言，一生只做一件事，那就是她们的事业。为此，她们付出得再多，仍一如既往，执着、专注；即使碰得头破血流，也无怨无悔，一次次跌倒了，又一次次地爬起来；她们中有些人成功了，有些人还未成功，但她们确实是充实而幸福的。

维妮从小就爱好文学，她一直想成为一名作家。大学毕业后，她日日夜夜都在不停地写作，即使是周末也不例外，家里电脑键盘的噼啪声总是不绝于耳。但遗憾的是，她的作品却全给退回来了。

不过，维妮并不气馁，她深知写作是一件需要长期坚持的事情。写作经验越多，稿子质量就越好。终于一天，维妮收到了一封来自某杂志社主编的回信，对方亲切地表示将接受这个稿子。不过，对方也提出了意见，说稿子的瑕疵太多，需要再认真修改一下。

在以后的九个月里，维妮一直致力于这个稿子的修改，她给杂志编辑部先后寄出两次稿子，但都退稿了，对方鼓励她应该再试着修改修改，维妮有些失望了，但她告诉自己："你不应该半途而废，一定要坚持住，特别在你快要成功的时候。"于是，维妮又认真地修改了一遍稿子，并把它寄给了那位主编……

这次，稿子终于得到了主编的认可，出版了。

为了信仰而工作，虽辛劳却充实，看看维妮的生活轨迹就不难发现：一生只做一件事，这件事就是她无比忠诚、全部奉献、为之献身亦无怨无悔的事。有了这样的理想，有了这样的信仰，受点磨难又算得了什么呢，这样的一生能不幸福吗？这样的人生又怎能不取得成功？

既然理想这么宏伟，事业如此辽阔，生活如此瑰丽，信心如此坚毅，那就值得我们给自己一份信仰，用全部的热血和智慧，为了工作，为了事业，努力付出，锲而不舍，用青春年华来兑现一副丰盛的人生。

生命不容你，不释放全身的光芒

人的一生有时很长，长到可以执子之手，与子偕老。坐看风起，闲看花落。人生有时又很短暂，短到转身便是咫尺天涯，天人永隔。容颜苍老，物是人非。面对这些，你内心会有怎样的感触呢？是不是感叹人生易逝，岁月难留？但时光终究是时光，它永远不会为任何人停留，哪怕一秒钟。

不过，在林徽因的生命里，时光再匆匆，人生再短暂，她也有力量让时光不朽，让人生永恒。她没有办法延长生命的长度，却可以尽情地增加其厚度，让自己的人生厚重、有分量，将生命的光芒尽情释放，漫散人间与日月同辉。对于所热衷的事业，她是毫无保留的，是纯粹的。

从1930年到1945年，林徽因一直随梁思成进行古建筑的考察工作，他们踏遍河北、山西、河南、陕西、山东等15个省近二百个县，实地勘察了两千多处古建筑，实地踏勘过的唐、宋、辽、金代木结构建筑就有四十多处，如山西的应县木塔、五台山佛光寺等。但看林徽因那些工作照，她攀爬在古老的寺庙、塔阁、钟楼的屋檐下、房梁上，穿梭于积年尘土中的瘦弱身影，很是令人尊敬。其间面临了大大小小的各种困难，她都坚强地对付过去了。

建筑上林徽因做得很棒，写作上也不差，她不仅指导毕业论文，编专著，发文章，翻译苏联专著，还与梁思成一起接受国立编译馆的委托，编写了《中国建筑史》专著和有关建筑方面的论文、序跋等二十余篇，这是中国关于文物保护最早的普及性的著作，为中国古代建筑研究奠定了坚实的理论基础。尤其感人的是，那时林徽因的肺病越来越严重，经常大口大口地咯血，即使是这样，她还是以顽强的毅力倾注在创作中。

40岁时，医生确诊林徽因将不久于人世，但在身体极度虚弱的情况下，她依然坚持工作，她似乎蓄养了充沛的精力，要将最后一段旺盛的青春释放，不负她不同凡响的人生。结果，靠着顽强的生命力，她多活了十年之余，也有机会进行了生命最后的三次拼搏：一是参与设计中华人民共和国国徽；二是抢救传统工艺景泰蓝；三次是参与人民英雄纪念碑的设计工作。这是一位旷世才女最后的千古绝唱……

林徽因在世界上只活了51岁，而且从26岁开始患病，经常住院，但她却以顽强的毅力，刻苦钻研，努力工作。她喜欢做事，活得用力，这是一种气质，甚至不是通常意义上的勤奋，乃是一种存在感，她自己写诗称："今天十二个钟头，是我十二个客人，每一个来了，又走了，最后夕阳拖着影子也走了！我说：朋友，这次我可不对你诉说啊，每次说了，伤我一点骄傲。"

就这样，林徽因用智慧和文字把自己的生命建筑得恢宏且独一无二。

总结林徽因的一生，可以用一句名言"尽可能多地生活"来概括，是的，她不是尽可能好地生活，也不是尽可能久地生活，而是尽可能多地生活。这成就了她辉煌灿烂的事业，还成就了她充满厚度的人生。短短的生命却是浓缩的精华，无比的厚重和有价值，一辈子等于别人几辈子。

天上的一道虹看到地上一座弧形的石桥，说："你的生命比我久长。"

石桥回答说："你那么美，你在人们的记忆中必然是永恒的。"

不错，彩虹的生命没有石桥长久，石桥也的确没有彩虹美丽。但是，石桥固然不美，但它长久地沟通了两岸，这是它生命的价值；彩虹固然只是雨过天晴的瞬间，但它那瞬间的美丽却给人们留下了永久的回忆，这同样是生命的价值。也就是说，生命不在于长短，而在于有无价值。

生命，不应该只有长度，更要有厚度。

如果给你一张足够大的纸，当你把这张纸反复对折51次时，你是否能想象出所达到的厚度呢？通过计算机的模拟，这个厚度居然接近于地球到太阳之间的距离。有时生命也如一张纸，也许不经意间就破了，可如果你的心怀够宽，纸张够大，折了再折，谁知道生命可以有多厚？

不禁想起《钢铁是怎样炼成的》中的那段话：生命每个人只有一次，人的一生应当这样度过：当回忆往事的时候，他不会因为虚度年华而悔恨，也不会因为碌碌无为而羞愧；在临死的时候，他能够说："我的整个生命和全部精力，都已经献给了世界上最壮丽的事业——为人类解放而斗争。"

值得吗？林徽因51岁就匆忙地离开了人世，于己于亲人，值得吗？林徽因的一生是短暂的，但她为中国的文学界、建筑界做出了很大的贡献，付出了自己的毕生精力，这充分体现了她的生命价值。如果再给她一次生命，好强如她，用力如她，想必依然会努力奋斗，为生命增加厚度。

生当如夏花般绚烂，死当若秋叶般静美。

行走人间，有时你需要停下匆匆的脚步，回头看看，盘点一下，生命可有了应有的厚度，迷人的光彩，如辉煌的事业，深厚的亲情，绵长的友谊，良好的信誉……如果生命依然贫乏苍白，不妨像林徽因一样多一份坚韧、多一份执着，勇于挑战，不畏艰辛，即使付出一切，也在所不惜。

一个生命陨落了，一颗星辰升起了……

第4章　用热情点亮四面风

古曰："窈窕淑女，君子好逑。"在这里，窈窕，意为美好，性情的美好，并非限于貌美，女子应"窈窕"。民国初期的中国社会从一定程度上来说还是男权社会，是一个属于男子英雄辈出的时代，林徽因则是那万绿丛中的一点红，显得格外亮眼。林徽因能从男权社会中脱颖而出，就是因为她能适时地展现自己的女性特质，并用这种女性特质抵抗来自男性世界的霸道和蛮横，用自己的热情点燃了四面的风。在世人的眼里，林徽因永远都不失对生活的激情，她永远是人间的四月天。

第4章 用热情点亮四面风

古曰："窈窕淑女，君子好逑。"在这里，窈窕，意为美好，性情的美好，并非限于貌美，女子应"窈窕"。民国初期的中国社会从一定程度上来说还是男权社会，是一个属于男子英雄辈出的时代，林徽因则是那万绿丛中的一点红，显得格外亮眼。林徽因能从男权社会中脱颖而出，就是因为她能适时地展现自己的女性特质，并用这种女性特质抵抗来自男性世界的霸道和蛮横，用自己的热情点燃了四面的风。在世人的眼里，林徽因永远都不失对生活的激情，她永远是人间的四月天。

玄微的细网，深沉地拢住天地

佛说前生的五百次回眸，才能换来今生的一次擦肩而过。茫茫人海，缘分难求，一个生命与另一个生命的相逢实属不易。或惊鸿一瞥，或匆匆而别，或相遇相知，或相携相伴，无论缘分深浅，遇见了，就是各自的福分，是一场美丽的意外，总要携一丝至真的情爱，去珍惜，去善待。

很多女子羡慕林徽因是那么幸运，情缘深深，一生被那么多的人宠着。可有谁能洞悉她那莲花般的心事在午夜悄悄绽放，皆是爱的挂念。这浓厚的爱意气息丝丝传递，犹如玄微的细网，深沉地拢住天地，数不尽千古的风流。

1930年，在北京北总布胡同3号(今24号)一处四合院里定居后，林徽因的生活是稳定而又辛苦的，她既要照顾丈夫和孩子的起居，还要经常外出考察古建筑。但这些没有消磨她对生活的热情，她始终惦记着那些与自己背景相似、志趣相投的朋友们。

后来，她以给任何一个她认为有才华的男子写信，邀请他们参加她的沙龙聚会，于是从1930年到1937年，几乎每个周六下午，林徽因家里充满阳光的客厅里就会座无虚席。客人各式各样行业不同，但都是其行业中的佼佼者，如哲学家金岳霖、诗人徐志摩、作家沈从文，还有政治学家张奚若、经济学家陈岱孙、考古学家李济、社会学家陶孟，等等。在客人中也有一些很有实力的青年诗人或作家，是经林徽因慧眼赏识，特意将他们邀至家中叙谈的，如卞之琳、萧乾，可见林徽因对文学的虔诚与对文人的热情。

在沙龙聚会开始前，林徽因总是会积极地准备一番：将客厅内收拾得非常整洁，准备好上等的茶水，还会准备一些点心供客人们食用，如饼干、炸香蕉等；他们每个人都有绝招，切磋学问、谈论时局、谈文论艺，若一时兴起还会用英文对读莎士比亚或萧伯纳的台词，背诵济慈、勃朗宁、雪莱的诗句……事实上，在那个年代，这些来自不同学科领域的社会精英们，确实需要一个固定的场所，时不时地来一场思想交锋，寻找认同感与精神鼓舞。而林徽因提供了这个独特的交往网络，将众人紧密地拉到自己的生活里，他们互相学习、共同进步，一起创造了北平的安宁、自由的文化繁荣，大大丰富了中国现代文化史，也让她这个“女主人”大放异彩。

在沙龙聚会上，林徽因是女主人、组织者，也是唯一的女主角，她珍惜与每个人的缘分，热情好客，活泼生动。更何况，参加这样一个沙龙聚会是有趣的、有意义的，所以不难解释，金岳霖、徐志摩、沈从文等这些优秀的社会精英们为何会聚拢在林徽因周围，与她保持终身的友谊了。

每个人都是有情有义的，都不喜欢孤寂地生活在冷漠的世界里，而希望有一份和谐的情感，一个和谐的生活环境。缘分是感动过后的凝聚，是任何人都无法抗拒的一种情怀。林徽因有情有义，懂得惜缘结缘，所以我们看到，她一直是一个群体的中心，聚集着庞大的人气，更具吸引力和影响力。

滚滚红尘中，你孤单了吗？你的世界里是否不知不觉间变得只有自己、家庭和事业了？和朋友的感情日渐疏远了？有一天你心情不好了，突然想找个朋友说说话，拿起电话却不知道该拨给谁？；有一天遇到困难了，想寻找别人帮助，却发现求助无门。一个美好的女子，实在不该让自己如此狼狈。

缘分难得，且转瞬即逝，你若想像林徽因那般美好地灿烂着，就要学会经营生命中的每一个缘分，不怠慢身边的任何一个缘分，更不无视身边的任何一个缘分。这个过程就像织网一样，一个缘分就是一个“网扣”，能编多大的网，就有多大的天地，多大的人生。只要我们用真诚、用真心去善待相识的每一个缘，就一定会有属于自己的一张“网”，让彼此静静守候，观尘世的风起云涌。

琳达曾是某大型公司的主管，是一个人缘特别好的女子。举行各种晚宴的时候，只要她一出现，会场的焦点都聚集在她一个人的身上，人们的目光一直追随着她，甚至很多人都情不自禁地朝她走去。而且，无论她遇到了什么困难，她总能找到适合的求助的人，而人们也总是乐意帮助她。是琳达美丽性感吗？恐怕不是！要知道，她现在已经是一位六十多岁、满脸皱纹、步履阑珊的老人。

无论以前工作时，还是退休后，琳达总是积极参加一些上流社会的派对，当她一出现时，她总是有礼貌地与在场的每一个人打招呼，“嗨，你好！我是琳达”、“老朋友，近期你过得不错吧？”……许多人记住了她的热情，并与她交上了朋友。每参加一次聚会，琳达都会认识一些新朋友，久而久之她成为了各种活动中公认的主角，也认识了越来越多的朋友。朋友多了，路自然就好走了。

满脸皱纹、步履阑珊的琳达能在众人中脱颖而出，获得良好的人缘，与容貌无关，与年龄无关，这一切都有赖于她善待了身边的每一个缘分，与有机会认识的人主动交际，积极热情。建立起来的人际关系越好，朋友越多，就越能使自己得到温暖、勇气，增加自己的智慧和力量。

花点时间，用点真诚，善待缘分吧。趁着休息的时候和朋友聚一聚，哪怕只是打一个个温暖的电话，发一个关切的短信，或者吃一顿简单的餐饭，或者只是一起去看一场电影，这不需要花费你多长的时间，却可以保持美丽情感的距离，让生活中多一份激情与愉悦。何乐而不为呢？

不能忽略的是，林徽因之所以能够令人趋之若鹜，还在于她自身的优秀。出身名门，才貌双全，见多识广，个性特别，事业有成，给予了旁观者极大的想象空间，这样一个女子，能吸引很多有思想、有个性、有才华的人，不足为奇。努力提升自己，让自己不断地成长，你越优秀就越有魅力，越有吸引力。

滚滚红尘，万丈繁华，流年沧桑。前世回眸，今世结缘。穿越千年，与人相遇。怀着一颗至爱的情怀，携一丝至真的情爱，去善待今生的每一份情缘吧。拿丝丝连连的情缘,用平平仄仄的诗行,去吟唱人间的真情——“谁能参透这幻化的轮回,谁又大胆地爱过这伟大的变幻!”

紧握自己的"莲灯"

生命宛如一条奔流不息的长河,它所流经之处总会给予他人以甘露,正因为如此,生命的长河被回馈的花瓣点缀得是那样的美。也许,我们不是富贵的女子,也不是强大的女子,但若能以爱心待人,即便微不足道,却也足以温暖人心,那么爱之花开放的地方,生命便能欣欣向荣。

世人心中的林徽因,又或者真实的林徽因,是一朵洁白的莲花,她在千顷碧叶之上徐徐地绽开,那么柔美温婉,那么纯净高贵,散发着淡淡幽香。它的柔,它的刚,它的给予,让多少人为之驻足观赏,一醉不醒,心不再流浪,梦不再彷徨,安享静好岁月,静坐陌上,等候花开。

在亲朋好友之间,林徽因是深受欢迎的,不仅因为她的美丽聪慧、见多识广、活泼可爱,还因为她有一颗善良的心灵,有一个宽广的胸怀。在生活中,她总是真心地关爱身边的每一人,快乐时与之共享,悲伤时给以安慰。无论谁遇到了难处,她都会及时地给予一定的帮助,营造出一种和谐的人际关系。

在美国留学时,林徽因的学习成绩一直名列前茅,同学们时常找她帮忙做作业。林徽因都会妥善地帮他们做好。斯蒂华特•切尼是班里年龄最小的同学,她与同学们合不来,总是发生争吵,唯独林徽因会照顾她、开导她,主动和她一起做作业。斯蒂华特•切尼很喜欢林徽因,将林徽因当姐姐一样看待,经常和她讲述自己的烦心事,后来她成为百老汇一名有名的设计师。

在北京定居后，林徽因家里的客厅里常常拥满了人，如跑来跑去的孩子和佣人、各家的亲戚，还有当时在上大学的梁家侄女，林徽因还邀请她们的同学来家里，热情招待。比较难办的是，异母弟弟林恒寄住在家里时，林徽因母亲因怨恨林恒的母亲，对林恒的不满，脸面上不做一点掩饰。林徽因不得不时常安抚无辜的小弟，让他感受到姐姐关怀的温暖，以弥补母亲的欠妥。除此之外，她对邻里也是十分友好的。邻居家租住的房顶裂了一个大口子，可他们太穷没钱修，也没钱补偿房东，林徽因知道后以自己掏腰包给房东，帮邻居了结此事；对与自己多年毗邻而居的金岳霖，她更是照顾有佳。

对于沙龙聚会上，那些各行业中的佼佼者们，林徽因也照顾得颇为周到，她会细细聆听他们的心声，为之排忧解难。著名的小说家沈从文和林徽因因才气惺惺相惜，她对他有一种母亲般的关怀，而他就和一个亲爱的儿子一样，一有问题就去找她商量要办法。有一段时间沈从文的妻子回娘家了，把他一个人暂时留在了北京，他孤零零的，林徽因便经常跟他谈话、劝说他，给了他极大的抚慰……

当时社会激烈动荡，林徽因和梁思成一样始终恪守不介入政治运动的信条，但是她异母的弟弟林恒、梁思成的五妹梁思懿都是学生游行示威队伍的领袖。示威活动经常受到军警的追捕镇压，北总布胡同三号成了进城游行学生的接待站和避难所。“一二•九”游行示威时，很多学生被疯狂逮捕，林徽因自己驾车到西城一个僻静小巷把弟弟接了回来，然后又将前来避难的梁思懿打扮成时髦的“少奶奶”，梁思成一路将其护送到火车站，送上南下的列车，三天后收到代表平安的贺电，心中才一块石头落地。

这个女子呵，尽管她的生活并不总是和顺，但她却总将自己的爱无私地撒给周围的人，她的爱就像一盏闪耀不息的“莲灯”，在漆黑的生命长河中，微弱却不乏力量，照亮着别人的前程和希望，随之而来的是强烈的生命感召力。而那如莲的心，晶莹剔透，与美丽的世界交相辉映。

如果我的心是一朵莲花，

正中擎出一支点亮的蜡，

荧荧虽则是那一剪光，

我也要它骄傲的捧出辉煌。

林徽因要表达的，尽在字里行间，细细品味便解其味。

与泥沙俱下的红尘相比，女子是柔弱的，但这不妨碍我们用爱和慈悲点燃心中的“莲灯”，紧握自己的“莲灯”，绽放本性具足的智慧光芒，把光芒分享给人生路上的一切众生，照亮自己和他人前行的道路，活出一朵莲花应该有的样子，完美地呈现生命过程——安详静谧，灿烂美丽，却不张扬。

一盏不能熄灭的心灯，照亮别人，也将照亮自己。

有这样一个故事：一个双目失明的盲人，走夜路时手里总提着一个明亮的灯笼。有个路人很奇怪地问他：“你自己看不见，为什么还要提灯笼走路？”盲人满心欢喜地说：“这个道理很简单，我提灯笼并不是为自己照路，而是让别人容易看到我，不会误撞到我，这样就可保护自己的安全，也等于帮助自己。”

更何况，一粒沙里看世界，半瓣花上说人情，滴水之恩必涌泉相报。因为林徽因的无私有爱，她收获了众多的爱和呵护。她的文稿一经落笔，沈从文就会为此忙前忙后，以求早日出版；她生病了，众多亲友前来看望，嘘寒问暖；金岳霖更是跟随了她一生，远远关爱，终身未娶，孤独终老。

行走于滔滔人间，女子当因慈悲为怀，紧握自己的“莲灯”，爱心无处不及，慈眼无处不视，演绎一种至真至纯的情感。提着爱的灯盏，走在多泥泞的路上都不会孤单。就算你的莲灯光芒再弱，也可散播慈爱。光光相照，彼此互惠；灯灯相续，绵延无尽。抬望眼，一片灿烂。

奥黛丽•赫本是一名美国女演员，她一生留下了二十多个经典银幕形象，她貌如天仙，演技精湛，更重要的是有善良美好的心灵，以仁爱之心应对整个世界。她担任联合国儿童基金会大使，致力于慈善事业，不时举办一些音乐会和募捐慰问活动，并多次远赴非洲为饱受战火蹂躏的儿童贡献力量，足迹遍及埃塞俄比亚、苏丹、萨尔瓦多、危地马拉、洪都拉斯、委内瑞拉、厄瓜多尔、孟加拉等许多亚非拉国家。1992年底，赫本还以重病之躯赴索马里看望因饥饿而面临死亡的儿童。她的一句名言是：“记住，如果你在任何时候需要一只手来帮助你，你可以在自己每条手臂的末端找到它。随着你的成长，你会发现你有两只手，一只用来帮助自己，另一只用来帮助别人。”

如今奥黛丽•赫本虽然已逝世多年，但她依然被世人敬仰为不朽的“人间天使”。

拥有慈悲心的女子，爱世界，爱人生，爱一切人。她们是冬日里的阳光，使饥寒交迫的人感到温暖；她们是沙漠中的一泓清泉，让身处绝境的人看到生活的希望；她们是久旱土地上的一片甘霖，使心灵枯萎的人受到情感滋润；她们是飘荡在夜空里的悠扬歌声，使孤苦无依的人得到心灵慰藉……

多一份关爱，多一份慈悲，让心中的“莲灯”发出光芒吧。

当有人深陷迷茫之中的时候，你的一句问候、一句鼓励或是一个建议，都会成为他信心的原动力，让他拨开面前的云雾，勇敢寻找自己的方向；当有人感到烦躁不安的时候，你的一个眼神、一句安慰或一个幽默的表情，就会洗去他的烦躁与不安，轻松了、愉悦了，进而奋起……

你听，莲花渐次绽放的声音……

做朋友心中的“四月天”

四月天，一年中的春天，春天中的盛季，意味着丰盛与富饶，这里有明媚的阳光、温柔的轻风、潮润的雨露、满眼的嫩绿、醉人的芬芳……这一切的一切让人有一种快乐向上的感受，让人充满了期待和向往，给人一种希望和信心，觉得活着是一件很舒服、很有趣、很值得的事情。

沐浴在四月的春光里，脑海中浮现出林徽因的诗句：

你是一树一树的花开，是燕
在梁间呢喃，——你是爱，是暖，
是希望，你是人间的四月天！

是呀，林徽因不正像是这样的“人间四月天”吗？无论是萍水相逢的路人，还是深刻相交的挚友，她都给予同等相待。既不会热忱如火，更不会寒冷似冰，只是在交往中多一份友善与平和，宛若灿烂的春光，和煦的春风，温润的春雨……总之是激荡着温暖的气息，柔柔的，梦样祥和。

由于梁思成经常外出考察，嫁为人妇，成了人母后，生活里太多的琐碎让林徽因感到劳累。为了生活中诸如孩子的鞋子旧了，得去哪家商店买；哪家朋友过喜事或白事了，要如何送礼；哪个亲戚来拜访了，该怎样安排等大大小小的事情，她常常一天下来筋疲力尽，更别提肺病所带来的困扰了。但是，她并未因此悲观，而是很乐观地生活，依然忘我地工作，展现给身边人一副快乐的、热情的样子，给人很多感动。

沙龙聚会开办没几年，林徽因的肺病已经变得很严重了，还得经常卧床休息。可是每当客人们到来后，看到的林徽因哪里像一个病人，她同往常一样谈笑风生，经常大谈旅途见闻、读书心得、人生感悟，并且她具有控制场面和调动情绪的本领，客厅中常有笑语欢声，迸珠溅玉。要不是那些咳嗽提醒着在场的众人，他们又要谈诗论文聊个没完没了。有时候，林徽因还会穿上一身骑马装（她常和费正清与夫人费慰梅去外国人俱乐部骑马），一副巾帼不让须眉之势，令人精神振奋。

不仅如此，林徽因还经常写信，有给朋友的，知音的，晚辈的……信中没有对生活和世事的抱怨，更多的是对文学、建筑和生活的见解，以及要微笑着面对生活。林徽因是爱笑的，看她的照片总能看到那一抹柔柔的、淡淡的笑。在诗歌《笑》中，我们也可见一斑，"笑的是她惺忪的鬈发，散乱的挨着她耳朵。轻软如同花影，痒痒的甜蜜，涌进了你的心窝。那是笑——诗的笑，画的笑……"

林徽因之所以能够吸引、感染他人，获得广泛的欢迎和欣赏，与她身上所体现的这种积极性不无关系。试想，有几个人不喜欢万物复苏、充满生机的春天，而偏爱万物俱寂、凄冷薄凉的冬？四月的女子是温暖的，对生活总是表现出足够的热情，以积极的情绪感染他人，欢愉他人。

如果问："在《红楼梦》中，林黛玉和薛宝钗更喜欢哪一个？"相信很多人会毫不犹豫地回答："薛宝钗。"虽然黛玉才情过人，但她终日愁云满面、郁郁寡欢，灰蒙蒙地度过一生，缺少一种生命的活力；而宝钗则是"好风凭借力，送我上青云"，有一种活跃的心态和生机勃勃的朝气。

美好的生命应该充满朝气，做一个四月里的女子吧，让心灵常葆活力。烟火生活再变幻，春风拂面暖心甜，花红柳绿又一年，朋友相知记心间。面对朋友，要做的是浇灌他人的希望和信心，激活他人的激情与动力，那么即便再荒凉的生活中，仍然能留存许多暖意，温暖自己，也温暖他人。

小镇上有一个摆地摊的女子，她男人在一处工地上做杂工，一喝酒就骂爱打她，她还有一个瘫痪在床的婆婆。照理说这样的女子应该是很落魄的，可女子总是将头发梳理得纹丝不乱，穿着一身虽然廉价却很雅致的紫色长裙。她优雅地守着地摊，温文婉约，这样的明亮让人没有办法拒绝，人们有事没事都爱到她的摊子前去转转，临了买一件两件小商品带走。

几年后，女子用积蓄居然买下了一辆汽车。她把男人送去考了驾照，做了出租车司机。她则随车子来回跑，热情地招徕顾客。湖蓝色的坐垫，淡紫色的窗帘，车和她的人一样优雅，自然吸引了不少坐车的顾客。日子渐渐红火起来，不料丈夫意外出了车祸，搭上一辆车和几十万的债务，她的腿部也受了重伤，住了院。

人们都以为，她这下子是爬不起来了。可是半年后，她又在街头摆上了地摊，她照例盘发，穿旗袍，腿部虽落下小残疾但也不妨碍脸上的笑容，她的丈夫此时对她好了许多，经常过来帮她打点生意。过两年，女子又攒够了一笔钱买了两辆车，一辆自己跑出租，一辆让丈夫跑长途，小日子过得红红火火。

这个穿旗袍的女子可以说生活在社会下层，每日为了生计而奔波劳累，生活简陋，还厄运连连，但是她不抱怨、不咒骂，也没有磨灭内心对美的渴望，好像自己是最优雅的女子一般，微笑着，乐观着，她的生活不正如四月天的美妙与舒心吗?这是一种光明的希望，是一种别样的生活情趣。

“你说你是人间的四月天，笑响点亮了四面风。轻灵，在春的光艳中交舞着变。你是四月早天里的云烟，黄昏吹着风的软……”心中永是四月天，恰到好处地给人温暖和关怀，对人友善，待人真诚，善待身边每一位朋友，那么所到之处，必定绿意遍野，鸟语花香，令人深深沉醉。

齿轴和齿帽，完美地契合了

一对陌路相逢的男女把一份爱从年轻守到双鬓斑白，这无疑是世间最令人感动的事之一。可是，男女在身心方面存在差异，再加上各人性格不同，往往相处起来总会有磕磕绊绊。不少女子常为此而苦恼，认为自己性格好，而抱怨对方性格“不好”，闹得天翻地覆，致使分道扬镳。

爱人走了，心也空了，自食这苦果。

相爱容易相守难，婚姻中，最需要彼此的理解和包容。你有你的缺点，她有她的毛病，世上没有完美的个人，所以对象是谁并不重要，关键是两个人在一起互相磨合，互相适应，各方都要割舍掉不适合两人在一起生活的习惯、行为，去调整、去改变，相互间培养出更多的默契来。

林徽因与梁思成的性格差异是很大的，吴荔明是梁思成之姐梁思庄的女儿，在《梁启超和他的儿女们》一书中，很准确地说道：“舅妈（林徽因）非常美丽、聪明、活泼，善于和周围人搞好关系，但又常常锋芒毕露，表现为自我中心。她放得开，使许多男孩子陶醉。舅舅相对起来比较刻板稳重，严肃而用功……”这种性格上的差异，注定了林徽因和梁思成的婚姻中“战火硝烟不断”吗？当然不是。

在大学期间，林徽因和梁思成性格上的差异就体现出来了。林徽因善于交际，活泼、美丽、机灵，很多同学都非常喜欢她，而梁思成则非常刻板和死硬，经常“约束”林徽因的社交活动，林徽因虽然不喜欢，但大多时候还是会尊重梁思成的意见，适当地收敛自己。事实上，林徽因在认定梁思成的时候，就已经意识到，这个男人身上拥有自己所欠缺的一些品质，而这些品质刚好可以和她互相完善，彼此成就。两个人的性格经过这段时间的磨合，也为结婚后能够更好地生活打下了坚实基础。

随着事业上的成就，个人阅历的增长，林徽因到哪儿都广受欢迎，她也非常喜欢这种成为“焦点”的感觉，但是男人多少都是会有虚荣心的，梁思成多少也希望有一个崇拜敬仰自己的妻子，心理上能获得一种被依靠的感觉。多年后，梁思成才承认道：“和林徽因在一起有时很累，因为她的思想太活跃，和她在一起必须和她一样反应敏捷才行，不然就跟不上她。”林徽因深知这一点，她自己完全可以独立工作，但与梁思成在一起工作时，她画图从来就只肯画个草图，然后丢给梁思成，而梁思成一旦认可了她的思路，就会一丝不苟地做下去，做到完美。此时，林徽因就会以各种小吃食来讨好梁思成，既满足了梁思成内心上的成就感，又增进了夫妻之间的感情。

1936年初，林徽因和梁思成发生过一次激烈的争吵，梁思成随即乘火车南下上海办事，林徽因则在家伤心痛哭了二十四小时，中间只睡过三四个钟头。而后，梁思成在火车上连发了两个电报和一封信，林徽因便破涕为笑，原谅了他，两人重归于好。有人不理解林徽因的这种“大度”，林徽因解释道：“在夫妇之间为着相爱纠纷自然痛苦，不过那种痛苦也是夹着极端丰富的幸福在内的”，她认为夫妻争吵，是因为彼此在乎，“冷漠不关心的夫妇结合才是真正的悲剧。”

林徽因和梁思成性格迥然不同，但他们相互理解、相互包容，刚柔相济，急慢相和，动静相宜，进而相得益彰。这就像齿轴和齿帽，经过旋转、磨合，很合适地咬啮在一起，相互成为了更有用的一个整体。娶到林徽因这样的女子，是梁思成的福气；能有梁思成这样的丈夫，是林徽因的幸运。

爱情如水，婚姻似杯。当爱情沉淀的时候，当婚姻出现了波折，我们该轻轻地摇摇杯子，用理解和包容来沉淀，用理解去化解矛盾，用宽容来包纳疏忽。理解是心灵静默的一种升华，包容是一种温暖的凝聚力，会让女子更加自信，让男子懂得责任，让生活更加和谐，美丽邂逅地幸福人生。

有这个一对男女，他们同是星光四射的电影明星，有许多共同的语言，戏里的角色、青春、生活，喜欢吃的食品、喜欢听的音乐……于是，他们结婚了。她喜欢安静，他热爱热闹，所以人们对他们的婚姻并不抱乐观的态度，认为这场婚姻不会很长久，记者们从没有停止在他们家附近日夜蹲守，希望能够捕捉到他们吵架，甚至动手的镜头，拿出一条可以吸引人们的新闻。但是记者们看到的只有两个人相敬如宾，一起做家务，一起倒垃圾，一起去超市购物的幸福生活片断……

眨眼25年过去了，舌头和牙齿都有打架的时候，更何况是夫妻之间呢！很多人都百思不得其解，记者采访时替大众问了这个问题。女明星坦诚地答道："生活中的摩擦谁也避免不了，我们也有不愉快的时候，不过我们懂得经营婚姻。比如，今天我想安静点，他就会给我一天安静的时间；他想和朋友们一起HAPPY，那我就奉陪一下。我们都为对方做了让步，这样，谁都觉得满足，谁都觉得幸福。"

两个不同性格、不同成长经历、不同生活习惯的人走到一起，相处得如何，并不在于性格是否相同，而在于如何相处。多一分理解，多一份包容，往往就没有了哀怨，没有了纷争，没有了浮躁，取而代之的是一份恬淡，是一份平和，犹如一片宁静的湖面，虽有细细的涟漪，但依然保持水波不兴的平静和温馨。

世间男男女女成千上万，若能在人海茫茫中相遇就是缘，能携手一生便是分，千百年修来的缘分，更需要世人的悉心呵护。如果还有爱，就不要彼此伤害。唯有安静的理解和包容,才能让幸福恒久绵长;唯有记着对方的好,宽容着对方的“坏”,才能在夕阳下执子之手,与子偕老。

唯愿天下的女子都能拥有这种幸福。

别丢掉这一把过往的激情

恋爱的时候天荒地老，上刀山下火海，分开的时候咫尺天涯，红尘间的爱情大抵如此。但其实红尘很小，有缘的人终将会重逢。熟悉的身影，不变的面庞，当年的甜蜜……重逢的时候，那一定是心情的又一次触动。“唉，旧爱已成往事”，多少人会叹息着，视若陌路，继续各奔天涯。

其实不必，所有的当年，处理不好就是可怕的诱惑或伤害，想要彼此的心境都月朗风清、无怨无恨，不如坦然面对，别丢掉那一把过往的激情，再见亦是朋友，很多事也就看开了，看淡了，不会再有什么纠结。为你，添一曲昨日往昔。走进红尘深处的搁浅，暗香昨日的诗情画意！

再见亦是朋友，是一种美好的境界，就如林徽因和徐志摩。

当林徽因和梁思成定居于北京时，徐志摩重新进入了他们的生活。当时，徐志摩受邀到北大教书，但喜欢热闹的陆小曼执意要定居上海，徐志摩不得不在北京和上海两头跑，来到北京时，他得以就近看望林徽因和梁思成。只要与徐志摩重逢，林徽因骨子里的浪漫与才情就会大量的涌现，毕竟她为他美丽地绽放过，但她又知道，他们各取生活的模样，爱着自己所爱的人，因此她没有刻意地回避，而是很大方、很热情地接受了徐志摩，北总布胡同的房子也成了徐志摩的第二个家。每当他的工作需要他去北京时，他就住在那儿。他是沙龙聚会上的座上宾，是林徽因和梁思成的受宠爱的客人。那段时间，他们已经越过了男女大防，成为了亲密的朋友。

再后来，林徽因的肺病日趋严重，不得不于1931年3月到香山双清别墅养病。在山上的日子时常有朋友来探视，而徐志摩是来得最多的一位佳客。当时徐志摩的情绪很低落，因为陆小曼太过奢侈任性，太过懒散贪玩，打牌、听戏、跳舞、喝酒，直至吸鸦片。而徐志摩不得不同时在几所大学教书，课余还赶写诗文，以赚取稿费，即便如此仍不够陆小曼挥霍。徐志摩感到疲惫不堪，他们开始了不息的争吵。面对为了另一个女子陷于窘境的徐志摩，林徽因没有隔岸观火，或者幸灾乐祸，而是像朋友一样关怀、安慰着徐志摩，他们之间的情感已经远远超越单纯的爱情，以至于徐志摩曾经说过，"也只有和林徽因在一起我才可以让自己的灵魂真正释放。"

当徐志摩出事终于离去，林徽因再也压抑不住自己的感情，写下了一首泣血之作《别丢掉》，在她认为，她与徐志摩无论是爱情还是友情，本质上的情感没有改变，也永远不会改变。"你在山谷中并不寂寞，你的'回音'（徽因）仍然与你永在。因此，因此啊，我求你，别丢掉那一把过往的热情，还要保存着那真。"

一些往事因为一个话题而唤醒，一些感觉因为重逢而美好。重逢的时候，那是记忆的又一次翻新。可贵的不是爱情，而是感情。分别再见时，别丢掉那一把过往的激情，骄傲地释怀，再见还是朋友，彼此回忆一起的美好，诉说着自己的苦恼，谈论着朋友的生活，讲述着自己的如今……

生活中，我们经常可以看到，一些像林徽因一样的女子，她们与前男友保持着令人羡慕的友谊，这使她们看上去很不平凡，或者说神奇。帮她们做到这一点的，不是美丽的容貌，不是绝好的性格，而是再见亦是朋友的豁达。

夏莹和王明是经人介绍谈起恋爱的，后来却因为异地工作的原因，渐渐分开了，少有联系。一次，王明到夏莹所在的城市出差，两人偶然地遇到了。王明性格内向，还有点死脑筋，不愿面对这段记忆，看到夏莹就想躲。而夏莹则活泼开朗，见到王明时虽然有一点不自然，但还是热情地招呼他。

夏莹坦坦荡荡、大大方方的态度给了王明很大的鼓励，使他渐渐摆脱了那层阴影，开始重新看待她，像朋友一样，得体而周到；而夏莹知道彼此的关系已经变化，王明再不是那个处处宠着自己的人了，也就不以男友的标准来要求他。两人彼此多了一份理解和尊重，成了无话不谈的好友，并且保持着轻松愉快的交往。

夏莹和王明分手了，这是一件令人惋惜的事情，只是如果分手后就各奔东西，形同陌路，夏莹就不会有机会发现王明是一位出色的朋友，错失一段难得的友情。她的明智之处就在于，没有因和王明的分手而切断了彼此之间的所有联系，而是豁达地接受分手的事实，做不了情人就做朋友。

与夏莹同样境遇的女子，与其左右为难、遮遮掩掩，不如主动调解、打开局面。分手是给彼此生活一个崭新出口，而并非深仇大恨之后的决绝永别。毕竟双方曾经爱过，曾经付出过，在舍得与舍不得之间徘徊，你们的关系能发展到现在，说明你们是真心相爱过的，你应该感到高兴才是。

自己有多值得人爱，自己有多少能力去爱，能有怎样的生活，包括和旧爱是否能够做朋友，其实都在你的掌握之中，都是你自己的选择。谁是万丈红尘中的万丈繁华？谁是箫声笛韵里的流年沧桑？有缘终重逢，有缘需惜缘。在记忆掀起的波澜里，是否还能载得起那青葱岁月里的美好。

拽一把散落的时光，撷一路花香，掬一池碧莲，醉在红尘深处，等你摇曳一帘幽梦。

断续的曲子，最美最温柔

有些人，我们彼此相遇、相识、相知，然而还是不能逃过离别的结果，我们曾说天长地久，然而离别之后，还是会逐渐联系减少，慢慢淡出彼此的世界。原来誓言是可以轻易忘记的，原来感情是会变淡的，原来我们也被冲散了，原来我们走着走着就丢了彼此，散落在天涯海角。

人生最悲凉的事情，莫过于人去楼空，人走茶凉。不过，林徽因却少有体会，因为她懂得友情跟爱情一样，需要用心经营才能长久。把思念当做诗，为你朗诵；把惦记谱作曲，为你歌唱；把祝福化作花，为你绽放……缘分虽然简简单单，联系可能断断续续，但却是人走茶不凉，天涯即海角。

1928年初夏，林徽因和梁思成从美国留学归来，途中他们遇到了一对前来中国旅游的美国夫妇，梁思成后来给他们取了中国名字：费正清和夫人费慰梅。费氏夫妇是美国一所大学建筑系的学生，钟情于中国的艺术和建筑。相似的教育背景，共同的兴趣爱好，使四个年轻人很快成为了好朋友。到了中国，林徽因和梁思成免费当起了费正清夫妇忠实的导游，从景山到天坛，从玉泉塔到元代土城，再到香山，参观了各种饭店，戏院，街市，商店，四人的友谊与日俱增。后来，通过林徽因和梁思成的介绍，费正清当上了清华大学的教师，之后费正清夫妇更是林徽因沙龙聚会上的座上宾，心得的彼此倾听和交流，使他们在感情上更为接近了。

1941年秋，由于二战费正清被美国政府征召，夫妇二人离开中国，前往美国首都华盛顿，这一分别就是好几年。虽然天各一方，但林徽因没有忘记这两位的美国朋友，一有时间就写信给他们，诉说自己的思念，倾吐内心的感受……后来战争局势紧张，林徽因等人不得不南下逃难，流离失所，通信仍是她和费慰梅之间始终不断的联系纽带。在二战和战后，她们有过重逢，但都是非常短暂的，不过她们的通信没有断过，友谊通过许多精彩的通信而继续维持达十五年之久，这样的情谊让人感动至极。

林徽因和费慰梅的相逢短暂，之后天各一方，但林徽因却通过那一笔一划的文字表达心中最美好的思念和信任。一根无形的网线，连接起东西万里相隔的情谊，路有多远，爱就有多长。你理解我坚强背后的忧伤，我懂得你美丽之外的情怀，走过的人生路虽有不同，心灵却总是能激起共鸣。

茶的凉暖，不是时间和距离的问题，而是由情谊来决定的。我们喝茶，往往端的都是人情的碗。若能时常挂念彼此，聚散不影响忠诚，远近不影响情义。既或是天各一方，只要有茶的存在，就有纯洁的情谊在。彼此想念了，把茶请出来，冲上适当温度的水，什么时候喝都是温暖的。

人这一辈子可能拥有的东西会很多，有些物质上的东西曾经拥有过，也许，因为不喜欢或是不经意的，后来也就丢弃了，可能丢弃的东西连自己也都不记得了。但有一样东西是这辈子最珍贵的，这就是友情！尤其对女子而言。而且，有时朋友间的距离越远越美好，时间越久越醇厚。

女子心灵的某一角，总有一些虚无的诗意、情怀，如同豪宅墙角的那抹青苔，没有多大实用，却让生活多一些不平凡而奇妙的意味与想象。这种寂寞，有时很难用与自己最近的人表达，却可以轻松告之远方的朋友。

不知道是从什么时候开始的，孟欢喜欢上了上网，喜欢在网上和一些陌生的人聊天。也许是因为在经理的位置上，面对工作和生活中的人，孟欢总是表现得很强势，很灿烂，即使受了再大的委屈，她也能在脸上保持骄傲的微笑。也只有在网上，孟欢才会愿意，和一些从来没见过面，也永远不会见面的，连是男是女，是长是幼都无从考证的人，海阔天空地聊，把自己内心中脆弱，柔弱，甚至懦弱的一面展现出来。常常说着说着，一摸脸颊，几乎全是泪水。

“我喜欢和陌生人谈心”，对此，孟欢解释说：“网络虽然虚拟也空洞，大家彼此都是陌生人，但也是有情感的。在这里，陌生人又比最熟悉的人都容易沟通，我也会情不自禁地流露出自己不被鲜为人知的一面，甚至毫无顾忌地袒露自己的心扉。因为这里不存在利益关系，我们彼此没有必要耍心眼，有心里话就直接说出来，心情也舒畅，工作也顺心。就算说错了话，一关机什么都二清，安全系数高。”

有句话说：“我们总爱和爱的人吵架，却对陌生人讲心里话”。的确，心里面总是存在一个与现实世界截然不同的世界，等待着被开启。确定一个或几个朋友，无论距离是近是远，情谊不变，让所有的意见，都得到重视；任何联系可能断断续续，选择，都得到理解；所有的成果，都得到尊重……

第5章 美，从不是现成的

毫无疑问，林徽因在博学多知的同时，还是一个长得标致的女子。民国时期的文化圈内的美女不少，单就相貌来说，冰心、白薇、苏青、陆小曼等女子都与林徽因在伯仲之间，只是冰心过于素净古板，白薇太过清静贤淑、苏青相貌不错，惜乎气质不够，陆小曼与林徽因有几分类似，但是却又过于风情。唯有林徽因，虽然算不上一等一的美丽，但是她那优雅的姿态，成熟的韵味，合体而又别致的着装配上她本来已属中上的容貌，使她成了民国时期文化圈的“明星”。

第5章 美，从不是现成的

毫无疑问，林徽因在博学多知的同时，还是一个长得标致的女子。民国时期的文化圈内的美女不少，单就相貌来说，冰心、白薇、苏青、陆小曼等女子都与林徽因在伯仲之间，只是冰心过于素净古板，白薇太过清静贤淑、苏青相貌不错，惜乎气质不够，陆小曼与林徽因有几分类似，但是却又过于风情。唯有林徽因，虽然算不上一等一的美丽，但是她那优雅的姿态，成熟的韵味，合体而又别致的着装配上她本来已属中上的容貌，使她成了民国时期文化圈的“明星”。

穿出自己特有的味道

初见的一瞬间，一个女子的美丽与否就已决定。

不用怀疑，话说“三分靠长相，七分靠打扮”，对于女子来说，不管你高矮胖瘦，只要打扮得体，外表形象美好，那么初见时就会给人留下深刻而良好的印象；而一个女子若穿的邋邋遢遢的，哪怕你花容月貌或沉鱼落雁，也离美始终差一步。如此，做漂亮女子，就得会穿衣服。

林徽因长得漂亮无需赘言，她也爱惜自己的漂亮，更重要的是，她还不满足于仅拥有漂亮，她还善于为自己的漂亮加分。她时刻注意自己的形象，通过合宜的外在形象，突显了自己的优点，让别人一眼就备受吸引。所以，林徽因虽不是倾国倾城的美人，却比倾国倾城的美人更具魅力。

林徽因是爱美的，她天生就对衣服有一定的敏感，她的衣着打扮总是细致入微。在宾大谈恋爱时，据说梁思成每去女生宿舍约会，总是心情急切；爱打扮的林徽因每次都把自己收拾得一丝不苟，面容、发式、衣袜，哪处都不肯草率，迟迟下不得楼来，经常叫梁思成等个二三十分钟，以至于弟弟梁思永为此写了一副对子调侃他们:“林小姐千装万扮始出来；梁公子一等再等终成配。”横批是“诚心诚意”。

1928年3月，梁思成和林徽因在加拿大渥太华、梁思成的姐姐家里举行了婚礼。林徽因不愿穿西式婚纱，但当时的加拿大根本买不到中式的婚服，她就自己精心设计了一套婚服：长长的裙摆曳地，领口和袖口都绣有中国古典盘花纹样，特别是婚服的头饰，洁白的绢纱配着秀气的冠冕一样的帽子，帽子中间的红瓔珞美得摄人心魄。林徽因穿着这件别致的婚服，在美妙的婚礼进行曲中走向梁思成，她是那么的美，不仅梁思成，就连参加婚礼的宾友都倾倒了。

1935年，林徽因在国立北平大学女子文理学院外语系教英国文学课，每周上课两次。学生们看到的不仅是她的美貌，还有高雅的气质。那时候，她总是喜欢穿一身西服脚穿咖啡色高跟鞋，摩登、朴素又漂亮，每次一到学校，立即引起轰动，并且引领了时代潮流，女大学生们纷纷效仿。

林徽因写诗常常在晚上，还经常要穿一袭白绸睡袍，一根细腰带勒紧细腰，显出了身段的窈窕，给人一种清雅不失华贵的感觉，她曾风情地对梁思成感慨:“看到我这样子,任何男人都会晕倒吧。”梁思成却逗道:“我就没有晕倒。”其实梁思成何尝不欣赏林徽因的美丽,他喜欢昆曲里的那句唱词:“为你如花美眷,似水流年……”

衣服,已不单单是女子的修饰了,它承载着女子的品位,张扬着女子的个性,展示着女子的地位。林徽因懂得用衣服打扮自己,用衣服编织梦境,用衣服表达情趣,用衣服让世界为自己留下记忆……她跨越了百年的美丽,徜徉在中国整个现当代的历史中,鲜活着,妩媚着,光彩着,闪亮着。

一个女子可以没有非常漂亮的容颜,但一定不能没有彰显自己气度品味的衣着。得体相宜的着装,能充分展现女子的柔情与娇美,令他人获得一种如沐春风般愉悦感觉,从心底自然流动出一种敬仰与倾慕。所以,聪明的女子生活中一定要用兰心蕙质的巧手来为自己的美丽加分。

不过,穿衣还要注意搭配,颜色和款式要给人一种和谐之美,看了能让人赏心悦目,让别人感觉很普通的衣服穿在你的身上,却很大方得体,有品位。一款大方得体的衣服,能让平凡的女子神采飞扬,让聪明的女子活色生香,让浪漫的女子热情奔放,让漂亮的女子趾高气扬!

事实上,女子穿衣有三种境界:一是只见衣服美,不见佳人靓。这类女子让衣服喧宾夺主,仅仅是衣服看起来很美;二是衣美人美,大多女子能达此境界,可都美显不出谁是“主”来;三是感觉人美不知穿新衣,即人和衣服实现和谐统一,这是最难达到的境界,也正是韵味之所在。

衣服搭配真有这么玄妙吗?我们来看看撒切尔夫人的故事。

身为英国的宰相,撒切尔夫人对别人的衣着毫不介意,唯独对自己的衣着要求十分苛刻。每个星期五下午去参加政治活动时,她都会戴上一顶老式小帽,蓬松的发式、大领片、厚垫肩的西装外套,脚蹬老式皮鞋,腋下夹着一只手提包。尽管有人笑话这种打扮过于深沉老气，但撒切尔夫人却有自己独到的见解：这样的打扮整洁、朴素，显得持重老练，能在政治活动中取得别人的信任，建立起威信。的确，这就是撒切尔夫人所塑造的硬邦邦的“铁娘子”形象。

尽管撒切尔夫人已经退下权力舞台，属于她的政权时代早已远去，但是“撒切尔夫人的风格”并未随之消散，她依然保留着自己的着装风格，坚持衣着应该是整洁和干练的、稳重而成熟的。在1987年的皇家行军旗敬礼分列式上，众人对撒切尔夫人的精神面貌所震撼，有人对撒切尔夫人的丈夫丹尼斯说：“今天首相的气度看起来是如此难以置信。”丹尼斯爵士回答：“35年来她都是如此。”

身为政治领导人，撒切尔夫人知道自己必须是稳重而成熟的，衣着也应该是整洁和干练的。她知道如何搭配衣服，衣服搭配与本身的气质相符，更与自己的职业形象相符，有属于自己的个性，给人深刻而良好的印象，即便她退位了，年老体衰了，也能够用完美的形象继续征服众人。

美丽其实就是这样的简单，在着装时，重视与年龄、职业、性格、场合的协调与搭配，并且在服装饰物的选择和搭配中注重完美与和谐，哪怕是小小的细节：一枚胸针、一条丝巾、一副手套、一双皮鞋、一个挂包都不会轻易放过，细细品味，直到做得恰到好处，这样的女子就是美丽的。

“云想衣裳花想容”，女子的美离不开衣服的美。每天，用宜人的打扮装点一天的美丽，用一件得体的衣服呵护一天的心情。让自信与美丽同行，让个性与品位同在，在一生中穿出典雅与高贵，穿出风情与浪漫，穿出简约与华丽。这时的女子也许是平庸平常的，然而却如花一般的美丽。

一举一动都要别致

女子的品位没有定式，没有形状，从骨子里淡淡溢出，慢慢释放。

外表漂亮的女子不一定有品位，有品位的女子也不一定要漂亮，但是有品位的女子举动一定优雅别致。仅凭一片言语、一个微笑、一束回眸，就成就了品位，这是一种深入骨髓、潜入神韵之美，是生命内蕴和智慧的纯真流泻。

林徽因就是一位高品位、具魅力的女子，她的言谈举止总是那么含蓄、深沉、温柔、善良，她如空谷中的幽幽兰花，似水月色里的洞箫声声，其超俗不凡的气质令人心旷神怡，其轻颦浅笑的韵味让人回味无穷。

少年时期，林徽因进入英国教会办的培华女子中学读书，这所贵族学校教风严谨，培养出的学生言谈举止皆有学问。林徽因出身名门，骨子里自是有一股优雅之气，经过一番学习后更是如此。那时候的她相貌明净，还不到风华绝代的年纪，少了一份韵味。不过，她用优雅的姿态，迷醉了诸多校友。且看她站立时，抬头，挺胸，收腹，两腿稍微分开，脸上带有自信，有一种挺拔的感觉；走路时，步伐欢快、轻盈，显得落落大方、朝气蓬勃……总之，她的动作总是文雅的，看起来就很迷人。

随着生活的磨炼，岁月的雕琢，林徽因越来越有韵味，她的品位沉淀成一种暗香，安静优雅，温柔妩媚，不张狂，不矫揉造作。出席各种活动时她总是坐得端端正正，站得安安稳稳，行为得体，举止优雅，待人处事落落大方，任何时候都不失态，尽露风雅，让人有一种赏心悦目之感。难怪林徽因死后，金岳霖在回忆她时，竟不知如何形容她的美，只用了这样一句评价："欲赞何词"。

品味，是优美雅致的组合，是自然恬适的展现。一举一动都别致，清丽的仪态无需修饰，那是静的凝重，动的优雅；那是坐的端庄，行的洒脱；那是天然的质朴与含蓄混合，像水一样的柔软，像风一样的迷人，像花一样的绚丽……这样的女子能够紧紧锁住人们的感官，悄悄潜入人们的心灵。

优雅从骨子里渗透出来，有一种深刻；

优雅从谈吐中流露出来，有一种睿智；

优雅从行为中表现出来，有一种独特；

……

这不能一眼就让人看懂，需慢慢品味和欣赏！

红颜易老，青春易逝。岁月总是无情地带走青春，让容颜慢慢老去，唯有优雅于时间中沉淀为永恒。身为红尘世间的女子，无论你现在美丽与否，都要不断地自我修炼，自我提升，不懈地努力，将优雅表现在一举一动、一颦一笑之间，这样才能让自己焕发出迷人的光彩，令人无尽的回味。

优雅是一种外在的美丽，是一种内在的气质，是一个人独特的风格，但它不是先天的，而是后天的塑就。它是一种文化和素养的积累，是一种修养和知识的沉淀。只有经过岁月的雕琢、艺术的熏陶、思想的沉淀，才能在女子的身上绽放，宛若开采自深山的美玉，永不变色、永远温润。

苏菲•玛索是法国著名的电影明星，她被法国男人誉为"不败的法兰西玫瑰"、"永远的挚爱"，即便红颜易老，她正在逐渐老去……"像香奈儿5号的那缕香气，这位世界著名美女走了过来，"在一次活动中，英国《独立报》这样描绘苏菲•玛索的出场。是的，苏菲•玛索浑身散发出一种魅力不可动摇的迷人气息。

不过，苏菲•玛索给人印象深刻的既不是她出众的容貌，也不是华美的服装，而是她表现的一举一动、一颦一笑。或是优雅地端起一杯红酒，或是轻柔地移动着手中的银色刀叉，将盘中的精致美食一小块一小块地慢慢送入口……那一份贵族般的优雅，真是很难用语言来形容，却令人情不自禁地“沉沦”。

提及自己的美丽秘诀，“优雅无处不在，避免那些不雅言行，动作放缓一点，语言从容一点，永远都不要忽视你自己，时刻保持一份优雅，在任何一个细微的地方都不容懈怠。人会慢慢地长大，慢慢地老去，这是生命的一个必然过程，谁也不能阻拦这个过程。即使衰老，我也要优雅地老去。”这位法国最漂亮的性感女神微笑着说完这些话，并且做了一个从头部扫到脚趾的动作。

你可能并非天生丽质，但优雅可以使你成为靓丽佳人；你可能出身贫寒低微，但优雅可使你具有高贵迷人的风采：你也可能年华已老，但优雅却可以使你风韵犹存，永葆青春的气息……所以，有时我们遇见白发苍苍且满脸皱纹的女子时，依然会被她吸引，感受到她身上散发出来的光芒和魅力。

对此，中国言情小说第一人琼瑶，说过这样一句话：“魅力是什么？魅力不是英俊，漂亮的女人不一定能吸惹人，端庄幽雅的女人别人才喜欢。美丽是上天的恩赐，而优雅是艺术的产物。一个真正优雅的女人就算只是静坐不语，那种超然与随意已足以让众人的视线停驻。所以，你不必担心自己不够漂亮。”

从容淡定，举手投足透着优雅的风范；不卑不亢，言谈皆有泱泱大度的风范。

做这样的一名女子,优雅地存在,优雅地老去。

因为神秘，所以美丽

女子的魅力首先不在于美丽，而在于神秘。所谓神秘，就是并非开门见山，一览无余，而是深藏不露，欲说还休，留有余韵让对方捉摸不透，这是一种“曲径通幽处，禅房花木深”之美，引人入胜，耐人寻味。

不得不承认，林徽因的神秘诱惑，是令人欲罢不能的。

林徽因绝代风华、才貌俱佳，16岁时吸引了徐志摩，而后林徽因离开了徐志摩，却令徐志摩将之视为“心中的女神”；婚后，她还认识了金岳霖，令这个男人活在自己的精神爱恋中并且不舍不弃。林徽因为何具有如此大的魅力呢？这源自她的聪明，其实林徽因做得很简单——当有人追求她时，她说不，但“不”的没那么彻底，而是保持着适度的距离，留有余韵让对方捉摸不透。

面对强有力的“情敌”们，梁思成娶林徽因时诚惶诚恐，问林徽因：“有一句话，我只问这一次，以后都不会再问，为什么是我？”林徽因答：“答案很长，我得用一生去回答你，准备好听我了吗？”这是一个多么有韵味又特别的女子，在梁思成眼中，她原本就是谜一样美丽的女子，如今更要为她这句话细细地守候呵护她一生了。而生活中的林徽因更是神秘，她有时温柔体贴，贤惠大方；有时聪明能干，任性撒娇，这让梁思成没有审美疲劳，也让林徽因成为婚姻生活里的胜者。

与徐志摩的恋情，林徽因一直都是缄默的，她只字不提。不过，徐志摩将这一恋情写在了《康桥日记》里，徐志摩死亡后，林徽因经过多方努力，将《康桥日记》据为己有，但她没有将这些日记公之于众，而是选择了“收储保存”，《康桥日记》始终未能再见天日。就这样，林徽因与徐志摩的情感故事鲜为人知，这更引起了后人的无限遐想，也增添了林徽因身上的神秘色彩……

无论是在热恋中还是婚姻中，林徽因说话办事七分留三分，留三分让别人去揣摩与遐想，留有余韵让对方捉摸不透，这种神秘和不可知，将她包裹成了一个谜语，令人着迷的谜语。她不仅将身边的男子，也将世人的好奇心挑起，跃跃欲试，奋起直追，拼命想要做这个揭开谜底的人。

试想，如果林徽因不拘小节，口无遮拦，把自己的事情一清二楚地都告诉别人，把自己的心情明明白白地摆在脸上，让别人一眼就看透了，没有一点的秘密，那就显得太浅白了，会让男人大失探奇的胃口。这也就是为什么很多人人认为复杂一点的女子要比单纯的女孩更有魅力的原因。

距离产生美感，神秘产生大美。

你若像林徽因一样，保持一分美好，让众人浮想联翩，就要保持一种神秘感，不要让人一眼看穿你。和别人保持一定的距离，不要做一个太率性的女子；保留自己的私人空间、拥有充满神秘色彩的内心世界；不要轻易地暴露内心所想，即使吐露，也要掌握好分寸，不要说太多或太满……

“千呼万唤始出来，犹抱琵琶半近面”，半遮半露，半虚半实，这样的女子能不美吗？！

Maliy经朋友介绍认识了皮特，她对皮特颇有好感。之后的几次相处Maliy一直表现得很含蓄，话说七分留三分，而不是把自己的所有事情说出来；两人约会时无论玩得多么开心，只要一到晚上八点，Maliy就说自己该回家了，而且有时候她还会突然玩“失踪”，不接皮特的电话，也不给他发短信……

可实际上，Maliy并不是所表现出来的这种人。她自身的经历简单平直，在别人眼中她是个快言快语的女子，她只不过想给皮特留下个好印象，不愿意让他一眼就看穿自己，觉得自己是个头脑简单的女子，她担心失去继续交往的机会。果然，在这样的“伪装”之下，皮特觉得Maliy很有思想、与众不同，进而对她展开了热情的追求。

Maliy非常聪明，她本身是一个心直口快的热情姑娘，却在皮特面前装成含蓄、沉静的模样；她本身是经历简单平直，却偏偏表现得阅历不凡……这其实就是Maliy的神秘策略，说她像雾像雨又像风一点都不为过，而这样的诱惑让皮特心驰神往，欲罢不能，如此她也就掌握了爱情的主动权。

埃及艳后也是这一方面的高手，她凭借自己的非凡才智，用神秘感先后征服了古罗马军事统帅恺撒、马克•安东尼的爱，两度避免了埃及托勒密王朝的灭亡，在历史上广为流传，为人称颂。恺撒攻打埃及时，她将自己像货物一样包在毛毯里，命人将自己像礼物一样献到恺撒面前，就这样，击溃了恺撒如钢铁一般的意志，就这样埃及公主成为了埃及艳后；恺撒遭遇兵败时，埃及艳后正在一艘画舫上，安东尼遣人请她下船相见，不料埃及艳后拒之。对于征服者来说，这种出人意料的抗拒无疑是一种公开的挑战，安东尼感到惊奇、神秘，他不由自主地上了船，丘比特的爱箭一下射中了这位高傲自负的男人。

捉摸不定的飘忽心绪，难以揣测的浮动情愫，永远处于变化中的性格和决定。因为无法掌握，所以魅力无边。这就如同看电视剧：电视剧每天播两集，你会在第二天迫不及待地等待播剧，因为你心里惦记着剧情的发展。而如果你已经提前把所有剧情都了解了，反倒会觉得看不看无所谓。

神秘感，是一个女人的存在感和吸引力之所在，是女人身上无与伦比的美丽光环。多运用一点神秘智慧吧，欲说还休，深藏不露，留有余韵，那么无论是你的感情，还是人生必定都是色彩斑斓的，即便你转身离开也会让人怅惘不已，回味无穷，好比“孤帆远影碧空尽，唯见长江天际流”。

与书为伴，素面朝天也妖娆

青春难留，红颜易老，经常有女子叹息：何处寻觅永恒的美丽？不过，有这样一些女子，她们即使穿着普通的衣服、素面朝天出现在花团簇锦浓妆艳抹的女人中，也会散发出夺目的光辉，让人过目难忘。这是因为，她们喜欢书，买书、读书、写书，书是她们经久耐用的时装和化妆品。

“腹有诗书气自华”，常与书为伴的女子，从内至外自有一种超凡脱俗的清丽气质，浑身洋溢的书卷味使她们显得不同凡响，一如莲荷点点，是沉着却又带着惊艳的美丽。这种美丽有内涵，有内容，经得起细品，无须刻意妆饰也容光焕发，驻颜有术，这是一种永恒的美，如清风朗月。

林徽因的美，恰恰是她饱读了诗书之后才体现出来的。

林徽因出生在书香之家，5岁时，大姑母林泽民成为了她的启蒙老师。林泽民是清朝末年的大家闺秀，自小接受私塾教育，诗词歌赋、琴棋书画也算样样精通，她教会了林徽因读书识字，奠定了林徽因的文学修养。林徽因骨子里就带有浓郁的诗味和典雅，那时候幼小的她在家里总是手捧一册册线装书，认真地阅读着书卷里的词句，也许她读不懂其间美好的意象，读不懂那诗意的情怀，读不懂冷暖的故事，但她却从此爱上了书，爱上了淡淡的墨香，爱上了锦词丽句，还有淡雅清愁。

跟随父亲前往英国圣玛莉学院学习时，林徽因经常一个人待在居住的寓所，调一杯咖啡，偎在壁炉旁，读喜欢的书。许多名作家的诗歌、小说、剧本，她都一一阅览，这对于她后来的文学创作奠定了深厚的基础。

有时候，她也会加入到父亲的各种应酬中，以女主人的角色接待当时的或将来的精英：著名史学家威尔斯、小说家T.哈代、美女作家K.曼斯菲尔德、新派文学理论家福斯特等人……虽然林徽因年纪不大，素面朝天，但因为知识积累丰富，她出口成章、挥笔立就，给来访客人留下了深刻的印象。

再后来，无论是在沙龙聚会中，还是日常生活中，林徽因依然坚持与书为伴，她的书柜里摆满了国内外的著名书籍，她总是尽最大能力去阅读，知识越来越丰富。和她说话总能使人神清气爽，俗气全无；她那言行举止所流露出的质朴与含蓄混合的文雅之美令人仰慕。而且，无论是近看或是远瞧，她都别有神韵，素洁高雅，虽年近不惑，却浑身充满青春活力。真可谓来自书卷气的熏陶，是至纯至上的美，是不因岁月的流逝而退色的美，这也许就是“胸有诗书气自华”炼就的极致吧！

读书足以怡情，最见于独处幽居之时；

读书足以长才，最见于为人处世之际；

读书足以博彩，最见于高谈阔论之中；

……

与书为伴、喜欢看书的女子，一定是沉静的且有着很好的心态，一定是渊博而又内敛的，她不会被世俗诱惑，她不会被浮躁吞没。她或清丽雅致、或温柔细腻、或落落大方，或仪态万千，皆有着丰厚的学识、高雅的气质，给人以一种愉悦感、震撼感，似历久弥香，似春风扑面。

身为女子，你若想美丽高雅，追求与众不同，那就要多读书，让书的精华提升你的性格、思想、内涵、素质、修养，在潜移默化中升华，过滤掉世事的尘埃，还心灵一片净土，不张扬、不低俗、不妄自菲薄，永存诗心琴韵。因读书修炼而来的这种美是作不得假的积淀，是最好的“美容剂”。

读书不仅能让人多一份美丽和优雅，也能让人多一份恬静和安乐！一个知性的女人，自信、大度、聪明、睿智，清楚自己需要什么，多了一份感性，少了一点张狂，多了一份典雅，少了一些孤傲。

面对生活和工作琐事时，庸俗和繁杂便进入了生活，女子们不知不觉深陷其中时，本身的气质就会变得浮华起来、庸俗起来。但一旦走进了书的世界，带着智慧和诗意走进生活，那么，那些索然无味的纷争和鸡毛蒜皮的吵闹便都能抛于身后。任繁华与喧嚣，终不能抵挡书中恬静的美好。

Alana相貌很普通，经常素面朝天，穿着也简洁朴实，却具备无人否认的美丽和气质，无论走到哪她都是焦点，引人注目，她的秘诀就是读书。走进她的家，除了桌椅几件必需的家具外，入眼之处都是一摞摞的书。闲暇时间，Alana会阅读一些唐诗宋词、古今中外优美的散文，在轻松悠闲的学习中修身养性，慢慢地，由内而发散发出一种浓浓的书卷味，为她平添了许多清丽与优雅。

不可避免的，Alana的生活也会遇到很多的困扰，比如因工作失误被领导批评了，因小事与家人吵架了，这时候她不会不停地抱怨或责骂，而是将自己关在书房里，安安静静地读一会书，美国作家汤马斯•佛里曼《世界是平的》、中国柏杨的《中国人史纲》等等。Alana从这些书里看到了宽广的视野，提高了看待生活的境界，学会了沉着冷静、宽容忍让、不屈不挠的精神。有了这些，她便能自如地处理各种生活问题了。

爱读书的女子都懂得：人生有风有雨，书是能遮风挡雨的伞；人生有险滩有暗礁，书便是明亮的灯塔；人生有山穷水尽时，书中有柳暗花明处；人生会失去很好的朋友和恋人，书却永远忠诚如一。淡淡的溢出，轻轻的释放，绵绵地漾起情感和尊严，柔柔刺痛无聊的粗俗，淡淡的若即若离。

霞光掩映的晨晓，阳光静谧的午后，暮色低垂的黄昏，明月皎洁的夜晚，做个埋首纸墨书香里的女子吧，用一颗永不满足的心，与智者交流，与贤人低语，汲取书籍中的养料。这样的女子即使不施脂粉也显得神采飞扬、优雅大气，这样的女子不是装饰别人的风景，而是点燃了自己的希望。

一个爱书的女子，本身就是一道风景。

“桃子”成熟才美丽

现实中有这样一种女子，她们或许已经不再拥有靓丽的青春，甚至已经步入中年，身上却散发着一种迷人的气质，令人为之倾倒，尤其是男子为之沉醉，能激起男子无限的遐思。这是一种成熟的韵味。成熟是什么？成熟是由青色变为红色，是绚丽之后的平静，是盛开之后的内敛。

没有年少轻狂的青春气盛，却有老骥伏枥般的豪情壮志；没有初涉世事的青涩懵懂，却有沧桑过后的练达沉稳。成熟的美丽大概即是如此吧，像挂在树上的一颗成熟的“桃子”一样，别有一种明亮却不刺眼的光辉，别有一份历尽风吹霜打后的坚韧，也包含着一种情感与思想的力量。

如果成熟是一个秘密，林徽因则为我们解答了所有问题。

林徽因既是一位美女又是一位才女，聪明又智慧，在男子中倾倒一片，不得不说，她比一般的女子要成熟，甚至比那些男子也成熟。林徽因知道自己喜欢徐志摩，但是对方给不了自己一个安稳的家，和他在一起不会有幸福，所以她拒绝了他的热烈追求，选择了安稳的梁思成，成熟的标志之一便是懂得取舍，清楚自己该要什么，不该要什么。这一点上，徐志摩显然是没有做到的。

林徽因不仅懂得脚踏实地地生活，还明白什么是有责任的爱，她一直精心照顾着梁思成，同时也不愿放弃自己的事业，拥有独立的精神和经济。她能在家里和孩子们享受天伦之乐，又能跟随梁思成千辛万苦地到世界各地去丈量古建筑，利用有限的生命做着功德无量的事业，这种对生活负责的态度是成熟的，更是令人称赞的。

林徽因明艳的容貌、脱俗的才气无须多言，更重要的是，她拥有比同龄人更远的见识，拥有比同龄人更成熟的心态。与人相处时，含蓄中有一分矜持，柔和中有一分刚强，亲切随和却又始终保持适当的距离；工作办事时稳重、从容，而不会毛毛躁躁，风风火火，令人放心，让人尊敬……

尽管生活的年代政治混乱，经济低迷，文化正在转型，但林徽因以其举世无双的才貌气质、成熟的为人处世之道，做到了外在美与内在美相互辉映，默默地浸染着当时的文学、艺术、建筑等领域。于是，她站在那里，成了文化的标尺、气质的范本，进而成为美的象征，也赢得了众人的爱。

这样的女子周身散发出惹人喜爱的女子味，就像个熟透、香甜的“桃子”，让人喜爱。

那么，具体来说，什么是成熟呢？

成熟女子不再天真幼稚，不再不谙世事，历经岁月的风雨沧桑，清楚自己所需所求，洞悉人情世故，深知人生之意义。面对喧闹繁乱的社会，她有着一份超俗的淡泊。面对飘来的风风雨雨，她会潇洒地挥一挥手；她只要将蕴涵和积累的养分稍稍释放一点，这浮躁焦虑、风风雨雨便悄然而退。

成熟的女子追求独立和稳重，不再倔强和清狂，不再羞涩和腼腆，不会轻易地为爱痴狂，依附与缠绕的爱情更不是她所需要的，她对自己的生活品质有着更高的要求，懂得珍惜生命中的分分秒秒，在生活的海洋里，奋力地摇着一叶小舟，带着灿烂的微笑，向着希望的彼岸划行。

成熟，是担负起生命美好的责任，满怀对生命的感恩，让我们的生命开花结果。这犹如一只蝌蚪终于蜕变成身姿优美的青蛙，一条毛毛虫变化为绚丽斑斓的蝴蝶，这是生命里最伟大的质变，我们的世界将开始变得神奇而充满快乐。女子的成熟美，美化了自己，也美丽了世界！

……

岁月的丝，缚不住天空，缚不住大地，缚不住成熟的蓬勃美丽。

这是一个女子，应该活出来的美丽。

面对不可得或必须舍弃的东西，你学会了放手，学会了释怀；面对尘世的喧嚣和生活的涩味，你学会了沉思，学会了坚强……一切的一切，你都要经历，你都要忍受。你静静地等待过成熟么？在“桃子”成熟的季节，你轻轻踮起脚尖，紧握那份粉红色的喜悦，收割成熟的美丽。

对人捧出你的涵养

有一种美丽，是我们看不见，也摸不着的，它需要用心来感受，这种美丽就是涵养。什么是涵养？涵养是一种内在的修养，是由内而外散发出来的一种得体、大方的姿态。女子的涵养就如同男人的胸怀，能够极大地增强人格魅力。有涵养的女子，周身散发出淡雅宜人的气息。

说林徽因有涵养，恐怕没有人会有异议。

林徽因出身于书香门第、仕宦之家，她虽然美丽高贵、才艺卓群，但是却从来不盛气凌人，不摆高姿态。出现在众人面前时，她总是待人友善，言谈举止得体，显得从容不迫，落落大方，让相处的人总有一种春风拂面的感觉；沈从文一度经济拮据，林徽因有意接济，又怕他因为文人的面子，不愿意接受，就让表弟林宣向沈从文借书，还书时悄悄夹进了一些票子；后来她又拿自家的钱资助来北京求学的福州同乡林洙，也是善意地欺骗，“这是营造学社的钱，借给你用”。

梁思成的母亲是旧思想，认为女子就该深锁闺阁，遵守四从五德，可林徽因十几岁就随父亲漂洋过海，还与徐志摩谈过一场轰轰烈烈的恋爱，还投身了当时男子才能做的建筑界，这让梁母十分介意，不准梁思成与林徽因交往。对此，林徽因没有与梁母争论或者逃避，而是大度宽容，自然而然地进出梁家……梁思成甩折腿骨时，林徽因以未婚妻的身份前去照料，梁母却毫不客气地叫她回去。林徽因呢？像对待母亲一样去对待梁母，表现出更多的关心、宽容、依顺、体贴……

林徽因是迷人的，她与徐志摩、梁思成、金岳霖之间都有过感情纠葛，但她对他们都保持了一份尊重、冷静的态度，尊重内心性情的源发，与每个人相处时都显得非常自然，而且不会让情感恣意泛滥。这种举止有分寸、善解人意的涵养，让一场情感风波消于无形，她也获得众人的欣赏与肯定——徐志摩把她作为诗意的源泉，情感的梦幻，后来为听她的演讲魂归蓝天；梁思成对她既呵护体贴，又理解欣赏，他们一生相濡以沫；金岳霖则为她固守自己的柏拉图式爱情，终身没有娶妻生子，却一生相伴其邻。最终，她也成了中国知性男人的“精神符号”。

林徽因是如此的富有涵养，不得不令我们由衷地给予赞叹。这种涵养，使她显得美丽而从容，更能够体现出女性的道德美；这种涵养，使她永远傲立于碧波之间，素雅的清香缠绕身迹，温和如玉。而且，这种美，永远不会因为岁月的流逝而失去光彩，相反会日益显示出自己的光华。

一个女子可以不漂亮，但不可以没有涵养。

有涵养的女子出现在社交场合时，会特别注意自己仪表的端庄整洁，懂得用智慧的头脑把自己打扮得精致而品味高尚，活色生香、秀色可餐，这不仅仅是要保持自己的美丽，更是对周围众人的一种尊重。

越是懂得美的女子，越不会炫耀自己的魅力，这也是涵养的一部分。有涵养的女子，在与人接触时，从来不用高姿态对人，她们亲切、善良，尊重他人，给人留有余地，更不会斤斤计较。与这样的女子交往时，人人会感到快乐和满足。

有涵养的女子，无论在什么场合，都不会由着自己的性子做事，她们懂得克制自己的情绪，于不动声色中明察事理，洞悉万象，理智地解决问题，把握好分寸，笑对云卷云舒，这样的涵养会处处契机应缘、和谐圆满。

……

总之，涵养，使人严肃而不孤僻，使人活泼而不放浪，使人稳重而不呆板，使人热情而不轻狂，使人沉着而不寡言，使人和气而不盲从。涵养，不是一种束缚，而是一种解放，张扬得有板有眼，敛放得当，把女子生命中美好的娇艳释放出来，又不走火人魔地使自己沦落于卖弄和表演。

女子就像一本书，封面再漂亮，内容才是关键。外在的风光，永远抵不上内心的修养。有时，我们会发现，一个并不完美的外表，因了涵养的内在，折射出来的美感竟是这样动人心魄；而一个女子，不管她有多么美丽，若其没有一点内涵，美丽就会大打折扣，无论如何也难以让人喜欢。

有一个男士去相亲，上午约了一个女孩，下午还约了一个。通过一段时间的网上交流，这位男士觉得这两位女性都不错，所以决定先见见面再确定选谁。其实在去之前，这位男士已经倾向于上午见面的那个女孩了，他看过照片，那是一个很漂亮的女子。男士按照约定时间到达了约定的咖啡馆，但苦等了一个小时后女子也没来，也没有打电话来解释一下迟到原因。又过了半小时，女子才姗姗来到，不过她仍没解释自己迟到的原因，甚至忘了说一句“抱歉，让你久等了”。男士看在她是一个美女的份上没有和她计较，然而接下来的一段时间却让这个一心来娶妻的男人如坐针毡，只见女子一会跷起二郎腿斜看着他，一会又对着服务员指手画脚，甚至在聊天的时候惊叫：“什么？抗战打了八年？就那么点时间？我以为打了十二年呢！”

由于上午的经历，男士已经对下午的相亲不抱什么希望了，看到走进来的女子是那么其貌不扬以后，他更加失望了，但是，令他惊讶的是，这是一个多么聪慧、多有修养的女子啊，尽管她长的没有别人好看，但是她端庄地坐着，温柔地说话，举手投足间显示除了内心的丰富和深厚，散发出了强大的魅力，就连一名服务员不小心将咖啡洒在她的衣服上，她都没有生气地大呼小叫，而是微笑着宽慰服务员，一切都像如沐春风般舒服、惬意。一顿饭吃下来，这位男士觉得自己终于找到了命中的那根肋骨。

真正的美，是从心灵深处散发出来的，不过涵养也不是天生的。

每个女子，都是塑造自己的“工程师”。不管你是不是天生丽质的女子，努力让自己更有涵养，随时随地对人捧出你的涵养，那么你举手投足间都会散发强大的魅力，给人带来一缕温馨，一丝余香，让一切尽在掌握。

第6章 永远守住自己的魂灵

在大多数人的印象中，林徽因是优雅的、美丽的，幸运的，成功的，但是外人不知道的是，她为了自己的幸福、梦想和事业付出了太多的心血，经历了无数的艰辛。“太太的客厅”中优雅而安逸、被众人高捧的太太是她，抗战时期的那个拿着瓶子打醋买酱，艰辛操持家务的人也是她，她微笑着看待生活中的各种事，不逢迎、不矫情、不勉强，一切安安静静、坦坦然然地去接受。这样的林徽因像一朵圣洁的莲花一样，任外界狂风暴雨，风起云涌，努力绽放自己的芬芳，坚守自己心中的那片圣地。

第6章　永远守住自己的魂灵

在大多数人的印象中，林徽因是优雅的、美丽的，幸运的，成功的，但是外人不知道的是，她为了自己的幸福、梦想和事业付出了太多的心血，经历了无数的艰辛。“太太的客厅”中优雅而安逸、被众人高捧的太太是她，抗战时期的那个拿着瓶子打醋买酱，艰辛操持家务的人也是她，她微笑着看待生活中的各种事，不逢迎、不矫情、不勉强，一切安安静静、坦坦然然地去接受。这样的林徽因像一朵圣洁的莲花一样，任外界狂风暴雨，风起云涌，努力绽放自己的芬芳，坚守自己心中的那片圣地。

挥动思想的利剑

“一栋农舍，一片葡萄园，日享暖阳，夜听虫吟。四季流转中，山居生活舒缓光阴，涤荡浮尘，沉淀快乐”，这是梅尔的普罗旺斯，一任思绪从喧嚣和繁杂中走出。如此纯净平淡的生活，沉淀在岁月的波褶里，简单而幸福。

女子需要这样，留点平淡给自己，留点时间给思想。平平淡淡，悠悠闲闲，随意笑，随意嗔，细品人生的酸甜苦辣，慢吞人生的悲欢离合。平中有醇美，淡中有深情，这是人生的品位，也是难得的一种境界。

那些年，林徽因的肺病一直不好，但因为被琐事缠身，从未好好治疗，结果日趋严重，后来医生认为她不能再为事业劳心，建议她到山上静养一段时间。1931年3月，27岁的林徽因到香山双清别墅养病。香山远离城市、交通不便、出门便是田野和山，那里的日子是平淡而简单的，甚至有些寂寞。不过，林徽因没有因此悲伤，也没有被疾病所困，她重拾往日的心情，捧读搁歇已久的文学著作。

在山上静养的日子时常有朋友来探视，像冰心、徐志摩、沈从文、金岳霖这些人都是常客，这令习惯了热闹的林徽因不至于觉得生活冷清。人间春色，万物生长，山中景致更是迷人，林徽因本是诗意女子，她沉寂已久的情怀再次被这些生灵打动。仿佛一朵花开，一声虫鸣，一片清风，都可以触动她的柔肠。之前这么多年繁忙的生活让林徽因几乎要忘了，原来时光可以如此柔软，日子可以这样静好。

就在这时候，林徽因开始更加认真地思考生活、思考人生，沉积已久的激情得以释放，她正式地开始了文学创作。这期间，她陆续写下许多散文、诗歌和小说等，如《谁爱这不息的变幻》、《激昂》、《一首桃花》、《莲灯》，并在刊物上发表，很快受到了文坛的注意，给人生增添了亮丽的一笔。

都知浮生若梦，但我们不能因为生活平淡平凡，就一味地虚度春风秋月。人活一世，虽不求惊天动地，却终究还是要留下些什么，让活着的人有迹可寻，哪怕只是简单平凡的故事也算得上是一种功德。用平淡诠释生活，挥动思想的利剑，这样才有真正的自我，才是聪慧的选择。

辉煌者自有辉煌者的成就，平凡者自有平凡者的风韵。红尘滚滚，平淡不是平，平淡是深沉，平淡是安静。留一点空间，给自己转身；余一些时间，给自己思考，不急不缓，不紧不松，平淡中寻找乐趣，平淡中感悟生活，那就能把日子过成一段诗了，便是有声有色的千古绝唱。

在朋友们的眼里，陈露是一个再普通不过的女孩，她长相和学历普通，家境普通，工作也普通，她天天踩着高跟鞋一手夹着公文包、一手拿着手机，挤公交车上班，坐地铁下班，来往于职场和商场之间，奔波于烦嚣、喧闹之中，生活得平淡如水。然而，她懂得享受这种平淡生活，让生活充满了品位和情趣。

甜而不腻的下午茶，是陈露每天一项必不可少的节目。不论在黑夜还是白昼、雨季还是晴天，经常可以看到她坐在咖啡馆靠窗的位置，一杯卡布基诺，一块蓝莓蛋糕，还有一本心仪的书籍，静静地看书，静静地思考……美丽适可而止，清新乍隐乍现；每逢周末，陈露能不加班就一定不会加班，她或约上几个知心朋友品品咖啡，喝喝茶，谈谈人生，健健身，或者穿上T恤、帆布鞋等，一个人带着简单的行囊，一部相机、一个笔记本、一部手机到喜欢的城市去度假……

陈露时而哀伤，时而甜美；时而童真。时而轻松，她工作时不敢懈怠，绝不落后，又把生活安排得精致、典雅、细腻，这份不紧不慢，自得其乐的感觉，是一种品位，一种情调，更是一种从容淡定。

在诱惑多多的红尘中，平淡一不当心就会变成平庸，但我们若能放下所有的繁杂，去思考，去觉悟，在平淡中摸索，那么就会发现，平淡的日子竟也可以有意蕴，那意蕴分明就是你百折不回守望灵魂的根，于是，你为自己奔走不止的路扎实了信念，为自己的心寻找一个可以寄托的追求。

世间多少女子不懂得这个妙处呵，不习惯生活的平淡，在她们眼里，每天与柴米油盐的接触是再普通不过的事，生活内容就是单调而乏味的，几乎看不出有任何的意义，不禁心生厌倦，更没有世间来慢慢品味生活。如此，生活中原本的清淡和美好，也就被淡忘了，被磨砺了。

精彩和辉煌，隐于平淡中，现于一瞬间。

平淡的生活就像一杯清茶，慢慢品味，淡美悠长；像一壶陈年美酒，绵绵醇香，使人心游万仞，神驰八极……心存逸致雅趣，淡名利，轻庸碌，这样的平淡，必能击破纷扰，洞察世事，达到一种“落花无言，人淡如菊，心素如简”的境界。这样的女子如此明净，让心灵明亮，让尘世豁然。

知道著名诗人海子的杰作《面朝大海，春暖花开》吗？“从明天起，做一个幸福的人，喂马、劈柴，周游世界；从明天起，关心粮食和蔬菜，我有一所房子，面朝大海，春暖花开……愿你有一个灿烂的前程，愿你有情人终成眷属，愿你在尘世获得幸福，我只愿面朝大海，春暖花开。”

繁华过尽皆成梦，平淡人生才是真！

平淡也是一种人生，女子应该懂得享受这种人生。在喧嚣中，独守一片宁静；在浓郁中，默念一份平淡。在人生之路上，平平地，不令我颠踬；淡淡地，不让我昏醉。从容地思想，恰如溪水静静流过；淡定地生活，宛如微风柔柔抚摸。红尘滚滚，大味最是清淡，平平淡淡就是幸福。

让庄严裸露

女子不可有傲气，但绝不可无傲骨。傲骨，这两个字用在女子身上，似乎有点夸大，不符合女子温柔、婉约、妙曼的特点，但生命本质上是美丽而庄严的，做人需要有铮铮铁骨和挺直的脊梁。傲骨中蕴涵着做人的尊严，蕴涵着生命的自信，蕴涵着超越的热望，蕴涵着对挫折的藐视。

傲骨的女子气节高尚，不媚上，不媚俗，不向命运低头，不向强暴屈服，活得有尊严。这百丈豪气足以令无数须眉汗颜，如出污泥之白莲，淡雅脱俗，卓尔不群，为世间留下不尽清芳。而林徽因就是这样一部活生生的传奇！她穿越生命的沼泽，全面提升生命品质，活出了庄严。

1937年日本全面侵华，营造学社的工作已无法再进行。林徽因和梁思成终日忧心如焚，他们最担心这几年积累的大量建筑调查资料落入敌手，便决定把这些资料转移到天津英租界英资银行保险库中存放。几天之后，守军却悄悄地撤走了。7月28日，日军占领北京。看着满街的太阳旗，民族的耻辱感油然占据了林徽因的心头，她在北京教授致政府要求抗日的呼吁书上态度坚决地签了名。

忽然一天，林徽因和梁思成收了到一封署名“东亚共荣协会”的请柬，这是当时日本人主持的一个协会，邀请他们参加一个会议，林徽因愤怒地把请柬撕碎了。他们决定离开北京，到后方去，到大西南去。尽管北京有他们一度生气勃勃又优裕舒心的生活、有他们优越的治学条件，然而他们不愿意向日本人低头，他们决定放弃这里的一切，离开这里的一切，即便他们知道，接下来的生活是一个逃难的过程，特别苦难。这一年，林徽因33岁，她的锦绣年华，从此碎成丝丝缕缕。

所谓的“傲骨”，不是骄傲自大，也不是盛气凌人，而是活的要有尊严、有志气、有骨气。作为女子，可以不必有男人那样的豪情壮志、宏伟蓝图，但无论命运怎样安排，无论环境是优是劣，都要不骄、不躁、不悲、不贱，如花一般，即便花期短暂，但也要拥有傲骨，美丽的绽放！

很佩服像林徽因这样的女子，才华横溢，见识独到，这样的才情已属罕见，她还有着很多男子都少有的气节，活得有庄严，所以她得以永远的传世。传世的不仅是她的诗词，还有她不朽的“芳馨”——富贵不能淫，贫贱不能移，威武不能屈，这是一种最真挚、最高尚的情操与行为。

活着，就要有铮铮傲骨；活着，就得让庄严裸露。

柳昕原是一家广告设计公司的策划骨干，策划能力十分突出，由于公司准备改变发展方向，她觉得公司不再适合自己，准备重新找一家公司。以自己在行业上的影响力以及自身的能力，柳昕决定去本市最大的一家广告公司应聘。

该公司经理看了柳昕的简历，考核了一番后，表示对柳昕的资历和能力很满意，但随后他却提了一个让柳昕颇为意外的条件：“我听说你原来的公司正在策划一种新的广告方案，听说你也参与了这项方案的策划，如果你能把研究的进展情况和取得的成果告诉我们，明天你就可以来上班，而且你的工资将会是原来的两倍……”

尽管对这家公司的影响力和实力都很满意，但柳昕保持住了理智和清醒，她知道，为了个人利益出卖一家公司的利益是万万不可的，即便自己已经不在哪家公司，于是她态度坚决地回答道：“抱歉，我十分希望能有幸在贵公司就职工作，但是我不能答应你的要求，尽管我已经离开原来的公司了，但我绝不会因求取一份工作，而做出卖公司的事情。”说完这些话，柳昕就离开了。

柳昕以为自己不可能得到这份工作了，但就在当天晚上，那位经理打来了电话，他诚恳地说道：“恭喜你，你已经被录取了，并且是做我的助理，负责公司所有重大的策划。当然，这不仅是因为你的能力符合这个岗位的要求，更因为你的优秀品质。你不会为了金钱而出卖自己的人格和尊严，你是好样的!”

当公司与个人利益发生冲突时，柳昕没有为了自身利益，而出卖原来公司的机密，这样的做法正是“傲骨”的表现。这样的女子不为名利所惑，不为浮华所动，保持善良纯真的本性，不放弃自己做人做事的原则，是值得尊敬的，她获得经理的认可，得到自己理想中的工作是必然的。

“莲之出淤泥而不染，濯清涟而不妖，中通外直，不蔓不枝，香远益清，亭亭净植，可远观而不可亵玩焉。”莲虽娇嫩，却并不软弱；莲虽柔弱，但不屈服；从容入世，清淡出尘，这便是莲的秉性，使人不禁惊叹于它把柔与刚结合得如此完美。纵使“零落成泥碾作尘”，也可以留得“香如故”。

若想塑造或提高自己的气质，你就该视林徽因为榜样，缔造莲一般的人生。

相信有明月长照

大多数时候，生命或多或少，都会给我们暗黑的底子，有的女子会在黑暗中沉沦下去，有的女子则偏要把它涂成明亮的彩色。

很显然，林徽因是前者。她明白，太阳东升西落，昼夜交替，这是自然运转的规律。既然人生的黑夜不可避免，那何不从黑夜中寻找光明？正如顾城的那一句诗："黑夜给了我黑色的眼睛，我却用它来寻找光明。"

林徽因等人离开北京后，风餐露宿，一路颠簸，来到了云南昆明。这时候，营适学社的前景是暗淡的——没有资金，没有所长，没有工作人员，而资助也无可指望，梁思成的收入少得可怜，林徽因则暂时处于"失业"状态。没有多少收入，生活也是艰难的，更糟糕的是，这里连最起码的生活设施都没有，吃水用水要到村边水塘去挑，冒着尘土或泥泞跋涉到村里购买买得起的食品并带回家。这事必须天天做，因为冷藏根本不存在；缺少洗涤用的肥皂，没有供书写的纸张，床上的臭虫成群结队。当然，这里更没有电，没有电话，也没有车子或役畜等运输手段。总之一句话，战争把梁家变成了穷人家，不过林徽因的情绪没有因此受到多大的影响。

金岳霖在给费慰梅的信中，这样描述过林徽因："她仍然是那么迷人、活泼、富于表情和光彩照人——我简直想不出更多的话来形容她。唯一的区别是她不再有很多机会滔滔不绝他讲话和笑，因为在国家目前的情况下实在没有多少可以讲述和欢笑的。但是，面对这些苦难，她相信这是暂时的，她心中有信仰，她心中有美好，所以她可以不在乎眼下的这份苦难，一直保持着乐观的心态和诗意的情怀……"那时候的"家"是林徽因等人自己盖的一个小砖房，简单且简陋，林徽因却说，"这房子的某些方面，并不是没有美丽或使人高兴的地方。我们很喜欢它，甚至为它感到骄傲。"

除此之外，林徽因一有机会就去找旧日的朋友们，到处串门，以便在那些妻儿们也来此共赴"国难"人家中寻求一点家庭温暖。他们没有足够的资金在饭馆餐聚，就在架起柴火的小炉子上"奉献"手艺。潮湿的柴火，熏出了浓烟，饭菜也是不够可口的，但他们乐此不疲；为了维持最起码的生活水平，梁思成和林徽因只好开始给那些"卑鄙的富人和奸商"设计房子，回到家后林徽因还要做洒扫庭院、做饭、洗衣服等家务活，最后浑身痛着呻吟着上床。尽管生活中没有一件事是轻松的，但林徽因却萌发了诗意，她在《除夕看花》一诗中写道："新从嘈杂着异乡口调的花市上买来，碧桃雪白的长枝，同红血般的山茶花，著自己小角隅再用精致鲜艳来结采，不为着锐的伤感，仅是钝的还有和剩余下！……今日的脚步，再不甘重踏上前时的泥沙。"

那段流亡的日子里，黑漆漆的夜，一点的星光，月光，灯光都没有，天空是那样的灰暗，大多数的女子都要感到些凄楚之意。但对于林徽因来说，夜来了，白昼必定不远的。她相信着白昼，相信着阳光必定会到来，结果她从黑夜中寻到了光明，看到生活中美好的一面和光辉灿烂的未来。

假设，如果林徽因的心完全被黑夜占据，迷失在自我的沉沦中，那么即使明月长照，她的心仍然是冰冷的，生活是阴郁的、黑暗的，更别提做出一番有意义的作为了。也就是说，没有理性的照耀，才是真正的黑暗。那些见黑暗而惧怕，而失望的女子，且让她们去吧，永躲在黑暗中吧。

如果你是相信"光明"的，那么就要鼓足勇气，不怖不懈，向着光明走去。

海伦•凯勒出生于亚拉巴马州北部一个叫塔斯喀姆比亚的城镇。在她一岁半的时候，一场猩红热夺去了她的视力和听力——她再也看不见、听不见，接着她又丧失了语言表达能力。海伦仿佛置身在黑暗的牢笼中无法摆脱，万幸的是她渴望光明。不久，海伦就开始利用其他的感官来探查这个世界了。她跟着母亲，拉着母亲的衣角，形影不离。她去触摸，去嗅各种她碰到的物品。她模仿别人的动作且很快就能自己做一些事情，例如挤牛奶或揉面。她甚至学会靠摸别人的脸或衣服来识别对方，她还能靠闻不同的植物和触摸地面来辨别自己在花园的位置。

当然，对于一个聋盲人来说，要脱离黑暗走向光明，最重要的是要学会认字读书。而从学会认字到学会阅读，更要付出超乎常人的毅力。海伦是靠手指来观察家庭老师莎莉文小姐的嘴唇，用触觉来领会她喉咙的颤动、嘴的运动和面部表情，而这往往是不准确的。她为了使自己能够发好一个词或句子，要反复的练习，最终她凭借自己的努力考入了美国哈佛大学的拉德克利夫学院。在大学学习时，许多教材都没有盲文本，要靠别人把书的内容拼写在手上，因此海伦在预习功课的时间上要比别的同学多得多。当别的同学在外面嬉戏、唱歌的时候，她却在花费很多时间努力备课。

就在这黑暗而又寂寞的世界里，海伦竟然学会了读书和说话，并以优异的成绩毕业，成为一个学识渊博，掌握英、法、德、拉丁、希腊五种文字的著名作家和教育家，她的《假如给我三天光明》感人至深。之后，她走遍美国和世界各地，为盲人学校募集资金，把自己的一生献给了盲人福利和教育事业。她赢得了世界各国人民的赞扬，并得到许多国家政府的嘉奖。有人曾如此评价她：“海伦•凯勒人类的骄傲，是我们学习的榜样，相信众多的有疾病而聋•哑•盲的人都能在黑暗中找到光明”。

黑暗生活中，残酷的事情太多了，但在黑暗的背后我们又会看到一种叫做“光明”的东西在隐隐发光。只要还对光明充满希望，相信有明月长照，那么相信我们心中的亮光就会璀璨万分，照亮灰暗迷茫的长空，照亮流水脉脉的江河，像朵朵春花在夜幕下怒放，这也正是追求光明的意义所在。

走去，走去，向着光明走去。在黑夜里踽踽前行，天亮时走到目的地了，这是多么快慰人心的事啊！

在光明下欢笑是一种本能，而在黑暗中欢笑则是一种品质，这是一种心胸之宽广，是一种力量之博大，是一种从容的安然，更是一种坚忍不拔的精神，对美好生活的向往以及对幸福生活的渴望。这样的女子一般不会被世俗所玷污，即使在困苦挫折中，也不会放弃理想与追求。

唯愿世间的女子们，皆能活得从容安然，活得色彩斑斓。

心是孤傲的屏障一面

俯视红尘，有这样一种女子内心生来孤傲，不管她们的外貌、家庭等条件多么平常，不管岁月如何摧残她们的容颜，她们内心的孤傲依旧，习惯将隐秘的情感遮蔽在内心深处，含蓄，暧昧，痛楚。这样的女子就像一根藤，长不成树，开不成花，却一生青翠，绿意摇曳，永不荒芜。

林徽因是美丽动人的，赢得那个年代诸多人的喜爱，但她亦是孤傲的。她的心如江南的这座小城一样，封闭、寂寞，又像傍晚的街道一样落寞、孤单，她心的孤傲的屏障，在山的怀抱中为之一开，全部的感觉便溶入了这苍茫，因此她的灵魂常会敏感到一种深刻，这就越发显的她独特而有魅力。

林徽因出生在一个封建世俗的、尊卑分明的家庭环境里，作为庶出的女儿，加之母亲在家中不得宠，家庭矛盾的冲突，她内心充满了一种不安全和不安定之感，心不自觉地收拢成一团，在他人与自己之间树立了一块互不侵犯的“领地”，她孤独、寂寞、忧郁，看起来有一些不太合群。看过一张林徽因三岁的照片，一个小小的女孩子站在空荡荡的庭院里，庭院是那么长，那么深，她背倚着一张老式的藤椅，清澈的眼睛看着前方，那样孑然独立，清冷冷的，惹人怜惜。

成人后，林徽因对世事有了深刻的感悟，她已经不太在乎出身对一个人的重要性，性格也开始变得热情活泼，乐于交友，但她所学横贯中西，在两种文化的撞击中裂变，才学比同时代的女子都要高，与普通的女子没有交流的话题，终为知识分子的矜持和清高束缚。她不喜欢那些东家长西家短的“闲话”，认为那些无谓的废话是浪费时间和精力，而那些普通女子也不能理解她，认为她及她的朋友们是另类，比如梁思庄把放在林徽因家的女儿吴荔明接走时说她不喜欢女儿从这里染上那种激进的恋爱婚姻观，这个朋友激进到连婚姻都不相信——她指的是金岳霖。

林徽因努力让自己俯落尘埃，与众生一起尝饮这人间烟火，可她又洞悉人世，她轻轻地说：“我的教育是旧的，我变不出什么新的人来，我只要‘对得起'人——爹娘、丈夫（一个爱我的人，待我极好的人）、儿子、家族等等……我应当有数。”此一番经历，在她内心的波澜当是汹涌澎湃后无奈的回归。她对男人与爱情的忠诚，若说是因为保守，不如说正是来自那高傲心灵的圣洁。

这种常人无法体会的思想，注定了林徽因内心充满孤独，她把所有的热情隐藏在不被人挖掘的内心里，不张扬，不呻吟，她要别人阅读到她清冷的月光，拉开与他人的距离；她在诗歌中苍凉地道诉着内心的孤独：“我数桥上栏杆龙样头尾像坐一条寂寞船，自己拉纤”。置之度外的心境，抛却凡尘纷争，将一颗心高高挂起，就这样，所有的世俗在这个孤傲的女子面前，寂静无声。

你向人群走去，他们把脸转向你，却没有看见你。

林徽因是这样无助地孤傲着，人们欣赏她的美丽，赞美她的才华，却没有谁去分担她的孤独，她只好孤独地傲立。多数普通的女子害怕孤独一个人，总觉得孤独意味着没有朋友，意味着生活单调乏味，因此害怕孤独，在人群中逃避，可越是躲避越是孤单，而且混迹人群只会流于世俗。

孤傲不是寂寞，因为寂寞只是形式上的无所事事，碌碌无为；孤傲并非简单的孤独，因为孤独只是生活上的独坐一隅，无奈无助。孤傲是美好的，是宁静中的如痴如醉。不管身外是潮起潮落，还是斗转星移；不管世间是秋叶飘零，还是百花竞开，只知沉沉的深思，感受一个人的清静与悠然。

时空辗转，红尘喧嚣，不管你面对的是喜还是忧，将一颗心高高挂起，远离尘嚣和喧闹，不受飞短流长所羁绊，不为名利权贵而踯躅，才能读懂这些悲欢离合的故事，才能固守住心里的那片芳草地，在浮躁的城市中保存完美的自我，如新雨后的荷花一般清新，如东篱下采菊一般闲适。

艾玛•沃特森是幸运的，当年10岁的她凭借《哈利波特》系列中赫敏•格兰杰一角红遍全球，赢得了许多影迷评选的奖项。和许多年纪轻轻一夜成名的女明星不同，艾玛很少在好莱坞的夜总会中露面，也没有继续留在娱乐圈N专职演戏，并且还推辞了许多拍片和赚钱的机会，回到学校重新过起了两点一线的生活。

艾玛始终平和安静，干净清爽，有着自己的坚持，她解释道：“坦诚地说，我有足够的钱让我的下半辈子不用工作了，但是我不想这样，电影仅仅是生活的一部分。在学校里，我努力做一个普通人，我努力变得更加理智，也正如赫敏一样努力。”正因为秉承着这种孤傲，艾玛始终没有让自己受到太多现在演艺界急功近利、心烦气躁气氛的影响，也始终没有让名利磨去她身上那些单纯的东西，她的内在产生了一种无比强大的力量，令观众们为她惊叹，为她陶醉。

现在，艾玛被媒体形容为美貌与智慧并存的“玉女”，她也成了时尚界的宠儿。

佛经有云：运力人间的欢乐，为接近智慧，愿独处于寂寞深山。林徽因为什么会孤傲，因为她爱得深沉，活得尊贵；艾玛☒沃特森为什么会孤傲，因为她心中怀有希望。孤傲，是一种能力的彰显，是在生活中沉淀出的成熟，是一种冷静与极强的自我控制，也是人生的一种漫漫修行。

孤傲，是月下独步的娴静，是花间拈指的幽淡。浅笑，低颦，轻言，细语，笑也蕴藉，哭也内敛，一颊光洁，一袖澹然，迤逦行过，飘逸若莲。步步生莲，或许是今生不会看见的景象，但那满池的红莲里，却傲然挺立着一朵白莲。暗香浮动、疏影横斜，携一襟情致，留一抹香馨。

为自己的心保留一个不受人打扰的屏障，外面世界的嘈杂没有自身的容身之地，喧闹中不会有我的身影，尘世的繁华也不再属于我，更不为无关紧要的世事烦忧。寻一份安抚，寻一份安然，寻一份温暖，寻一份美好。这就像，把自己埋在莲叶里，闭目，静静地等待，等待花开。

孤傲中，取莲花的一瓣圣洁，来纯净美好的年华。这样的女子，不是美，是大美。

在幽冷的山泉底，仍要保留着那真

一个人，尤其是女子，无论经历了怎样的沧海桑田，都不该让岁月打败了她的容颜，因为她还能拥有纯真的笑容；无论经历了怎样的千帆过尽，都不该让挫折摧毁了她的心灵，因为她还能拥有纯真的意志。

在战火硝烟里，世态炎凉，人心险恶，是那些年来林徽因对生活最真切的感受与体会。庆幸的是，即使在最危难、最艰涩的岁月里，她也从未丢失过心底那一份最圣洁的纯真与梦想，肆意享受着活着的温柔。

抗战时期，在南下颠沛流离的流亡途中，林徽因等人曾暂住长沙，然而此刻的躲闪也只是暂时的安置，纷乱的年代谁也不能偏安一隅，不可能找个村庄乡落从此安身立命不再赶赴尘海滔滔。果然，日本侵略者就来了，日机疯狂地轰炸长沙，林徽因一家暂住的房子被炸成了碎片，众人险些丧生。长沙是不能再待下去了，灾难过后，林徽因等人继续南下，几番辗转去了云南昆明，之后又到了四川，一个叫李庄的孤岛，生活苦难极了。更糟糕的是，她的三弟林恒在成都对日空战中阵亡了……

一直觉得，林徽因的诗情与柔弱，应该居住在某处深宅大院，端然度日，安享流年，可她偏生在了战争年代，要忍受背井离乡的无助、利益冲突的无奈。更糟糕的是，她还要看着身边的人濒临死去，却没有丝毫的办法来救赎他们，心痛难当。有人以为这些会带走林徽因内心对美好情怀的所有梦想，以为她的思绪会枯竭，以为她的情怀会更改，可她没有沉陷于悲伤，亦无怨无悔，她的眼神依然纯净，举止率真如少女。

下雨的日子未必都是感伤，林徽因会煮一壶闲茶，品味人生；月缺之时也未必只是惆怅，她亦可以倚窗静坐，温柔地怀念远方的故人，还有心情采折一枝春花去装扮花瓶，去拾捡落叶夹进书扉。纵算历经颠沛，尝尽苦楚，她也没有被这个纷繁的俗世漂染成五颜六色，她依旧还是那朵白莲，如梦似幻地植于世人心中，她还已然拾起笔，写下了灵动的篇章："哪怕在幽冷的山泉底，仍要保留着那真。"

在那个硝烟弥漫、风云变幻的年代，今天的生或许就是明日的死，任何沉静都不能取代纷繁，许多人藏起了雪月风花的心事，让自己深入红尘，让原本模糊不清的生命更加难以把握。林徽因这个美好的女子却用她的纯真，教会我们做梦，教会我们记住花的香、叶的绿，以及生活的希望。

纯真，不是单纯，更不是天真。它是一个人内心深处最美好，最真实，最纯粹的情怀，和年龄无关，和经历无关，是在经历很多事情之后，依然可以拥有一颗真诚柔软的心，拥有一双清澈明亮的眼睛，依然追寻着清风明月，阳春白雪，依然可以对美丽的事物感怀，对美好的情感向往。

历经人世沧桑，林徽因始终保持着平和，用单纯的眼光来看待这个世界。因为这份纯真，任何境况下，林徽因都可以做到诗意美丽，不同俗流。所以读林徽因的诗，无需过于深入，那些纯真灵动的文字就可以掸去我们积压已久的尘埃，使我们忘记岁月带来的疲累，生活携带的伤痛。

在物质而浮躁的红尘世界里，能够忍受沧海桑田而不流于世俗，永恒地守住那一份纯真，永远保护内心不受污染和伤害，于尘世间兀自开放心灵之花，这不是迂腐落伍，这是一种坚持，一种执著，一种品质。只有美好的女子才会有这种品质，而有了这种品质，一个女子会成就美好。

所以，如果平淡而残酷的生活欺骗了你，没有给予你公平的境遇，或者没有回馈你付出的期许，那么无论如何，你至少要让自己在心底保留一份柔柔的纯真，坚持做一个追求真、善、美的女子，能坦然面对真实的伤痛与挫折，让生命永远存有一份美丽，还自己一份难得的清透。

简•康萍在读书期间拿起摄影机，拍下了她的第一部短片《薄纸》，这让她一下成了学校里的知名人物，并被澳大利亚电影电视学院电影编导专业录取，毕业后她正式踏入了编导圈。在充满谎言与虚伪的成人世界里，在充满名利喧嚣的编导圈，简•康萍一直努力保持真我，她用澄澈的目光打量这个世界，用犀利的笔记录这个世界，她将现实素材借助电影来展现这个世界。后来，因电影短片《我的同桌天使》活得威尼斯影展评审委员会特别奖时，简•康萍这样表达自己："无论生活多么不容易，无论事业多么困难，我都要恪守真实的原则。我讨厌虚伪，讨厌矫揉造作……"

经简•康萍编导的电影短片屡次获得国际大奖，但她的事业并非总是一帆风顺。1999她推出《圣烟》时，评论家们和影迷们竞相选择消极悲观的评价语，简•康萍的亲人和朋友都担心她接受不了这样的打击，从此一蹶不振。然而，简•康萍没有被流言蜚语压倒，她淡然地说道："每当我想起我正做着让自己感觉轻松的事，我会不自觉地感到很兴奋，这是一种巨大的自由。坦白地讲，我认为很多人都比我更有天赋。我的优势在于我无所畏惧，相信真实的美好。"

简•康萍是一个演绎着纯真和坚强的女子。

纯真的女子，知道这世间有很多的不完美，很多的丑陋与卑鄙，但是这与她们无关，与她们内心深处的美好情怀无关。哪怕遭遇世俗的繁忙和俗气，哪怕处于苦闷，孤独与黑暗中，她们都不会改变天然的纯真，依然会保有对爱的信仰，同时依然保留对未来的希望，坚信一份纯，一份真。

纯真很简单，只需你对生活充满美好向往，对爱情充满纯真渴望，对事业孜孜追求，那份纯，那份真就会永远存在，并且深深渗透进血液。看似无意，却是有心，时间的每一瞬，在纯真女子的手下，遂成一段幽逸的风月。

为心蓄满湖水，蓄尽一心洁净湖水，待两岸新绿，春风拂面，我心明镜微暖。

情愿听杜鹃啼唱

有时，人生就如无根的落叶、漂流的浮萍一般，随风飘散，随波漂流。当这成为一种状态时，乡愁便会暗暗的款款而来，占领我们心灵中最深邃的地方，让内心多了一份淡淡的哀愁和惆怅，多了一份深深的守望和向往。

问君能有几多愁，浅吟低唱思乡愁，这是怎样的婉转动人？多少次，午夜梦回，泪湿青丝，这是怎样的凄美如神？是的，乡愁不在乎道路的曲折远近，不在乎时间的长短，却在乎内心深处永远寻求的那份归属感。当心中的乡愁涌起的时候，内心必定是清纯而无任何杂念的。

这正如杜鹃鸟啼着血，一声声催道："不如归去！"，可怜，哀婉，纯洁，至诚……

自从1937年离开北京后，林徽因多年漂泊，流落异乡，贫困交加，加之疾病缠身，境遇难堪。在四川李庄的时候，林徽因一家的境遇更是雪上加霜，梁思成形容这是一个"谁都难得来到的可诅咒的小镇"。就在这遥远的蜀地山川，杜鹃鸟声声啼不断，那一声声的啼唤直叫得她愁肠寸断。她的思绪总是情不自禁地忆起故乡杭州，恍如梦境的烟雨小巷，月上柳梢的深深庭院；她也会想起第二故乡北京，想起那些"沙龙聚会"上的朋友们，他们的影子似乎就在眼前，又十分地遥远……

这时的林徽因因病体力不支，经常整日昏昏沉沉，但她不胜乡思的泛滥，诗泉汩汩，行吟之间句句皆是乡思之怨。如那首《十一月的小村》："我想象我在轻轻的独语：十一月的小村外是怎样个去处？是这渺茫江边淡泊的天，是这映红了的叶子疏疏隔着雾；是乡愁，是这许多说不出的寂寞；还是这条独自转折来去的山路？……”此时的林徽因是寂寞的，又是美丽的，她熬尽了心中的一份痴情与一份执著等候。

当然，这份美丽的乡愁也使林徽因暂且忘记了目前生活的窘境，她逐渐恢复了她学术研究的兴趣。那段时间，梁思成想要研究在考察旅行中发现的汉代岩墓，林徽因便想在深入研究汉代历史方面帮助他。她非常勤奋地阅读了汉代的各种书籍，熟识了汉代的著名人物、服装、建筑等，最终她成为了在汉朝研究方面特别有学问的年轻女子，能有声有色地详细讲述西汉大部分历史故事。

乡愁是一行清丽的诗，是一阕惆怅幽怨的词，是一首忧伤而动人的歌谣，淡淡地乡愁，浓浓的情意。客居他乡的游子，在奔走的疲惫中，在夜寂人静之时，凝望家乡，泛起那一丝一缕的乡愁，纵使相隔千里，心却在咫尺，再也感觉不出到满目的疮痍，任凭风吹雨打依然蓬勃向上。

杜鹃呵杜鹃，在远离故乡的日子里，你的叫声，成为了游子人生里永远的吟哦，有血泣出，一滴是情的温度，一滴是心的颜色。这血恰似和风细雨轻拂着干裂的土地，将内心堆满的乡愁化为一片溪泉，清冽甘醇着一颗归途的心，也温暖湿润了双眸的眺望，还满足了思乡人的情怀。

萍聚无期零天涯，情愿听杜鹃啼唱。

无人不知，王昭君是中国古代的四大美人之一，她天生丽质，聪慧异常，琴棋书画无所不精，她本是汉元帝时期的宫女，后来以公主的身份被远嫁匈奴。登程北去时，离愁别恨涌上心头，无可解愁，她便不停弹奏着琵琶，琵琶声、歌声，声声令人肝肠寸断，就连天空中飞过的大雁也被这哀怨的声音感染而纷纷惊落下来。

王昭君原籍南郡秭归，是片膏腴之地，鸟语花香，但匈奴却是另一番天地，野风呼啸，荒草起伏。家乡缈缈关山远，王昭君夜夜都梦见回家，可惜，是梦，做不到，唯有撕心裂肺地思念：“望远故乡长相忆，黛眉细腰娇无力。柳丝芳草凄，抚琴泪眼迷……”琴声如泣如诉，断人心肠。

别家园，出雄关，昭君琵琶马上弹。女儿情，连胡汉，从此长城无烽烟。王昭君乡愁的唯美永恒，清晰地向我们诉说无论何时，无论何地，无论人生处境何如，乡愁是心中最美丽的风景；无论你是多么平凡，多么普通的女子，拥有一份淡淡的乡愁，就宛如拥有了永远的美丽！

为了生活，为了梦想，不少女子背上行囊，各自奔向远方，漂泊在外，迈过一个又一个的青春驿站。但无论你身居何处，无论环境多么险恶，都应该视故土为最后的归宿，把魂梦交给故乡保管。关山阻隔，千山万水，也挡不住那份淡淡的忧伤，那份纯真的思念，藕断丝连的牵挂与愁苦。

月是故乡明，花犹故里香，还有首词这样说：“十里楼台倚翠微，百花深处杜鹃啼。殷勤自与行人语，不似流莺取次飞。惊梦觉，弄晴时。声声只道不如归。”这样的杜鹃应该装进我们每个人的心里，这是与欢愉与美丽贴得最近的地方，更是与世故与物欲与贪婪离的最远的地方。

第7章 认真体味“生的滋味”

如今的人们，总会用“惊艳”、“脱俗”来形容林徽因，但是很少有人知道，很多时候林徽因和诸多有骨气的学者一样，既耐得住学术的清冷和寂寞，又受得了生活的艰辛和贫困：住的是四面漏风的屋子，吃的是粗茶淡饭，在教学写作之余还要自己缝补衣物被褥，自己拿着上街卖菜打酱油……这样的日子虽然贫寒而艰苦，但是她却一一地慢慢去体会，细细去咀嚼，用心去体味，追求自身的简单和丰富，以使自己不为生活所累。作为一个普通女子，在面临生活的艰辛甚至苦难的时候，我们又应该如何呢？

第7章 认真体味“生的滋味”

如今的人们，总会用“惊艳”、“脱俗”来形容林徽因，但是很少有人知道，很多时候林徽因和诸多有骨气的学者一样，既耐得住学术的清冷和寂寞，又受得了生活的艰辛和贫困：住的是四面漏风的屋子，吃的是粗茶淡饭，在教学写作之余还要自己缝补衣物被褥，自己拿着上街卖菜打酱油……这样的日子虽然贫寒而艰苦，但是她却一一地慢慢去体会，细细去咀嚼，用心去体味，追求自身的简单和丰富，以使自己不为生活所累。作为一个普通女子，在面临生活的艰辛甚至苦难的时候，我们又应该如何呢？

枉了青春、淡了红颜，亦无悔无怨

什么是夫妻？夫妻就是悲喜轮回间，相遇，相知，相处，一起面对生活的难题，一起迎接生活的挑战；夫妻就是不停地相互给予，这种给予是无须回报的，哪怕枉了青春、淡了红颜，亦无悔无怨。而两个人一起吃苦、一起奋斗的生活，就算再苦也是幸福，也会享受到许多真正的乐趣。

林徽因和梁思成风雨人生路,深情不变。这份爱,让人不禁想起仓央嘉措那首著名的诗——“你见,或者不见我,我就在那里,不悲不喜;你念,或者不念我,情就在那里,不来不去;你爱,或者不爱我,爱就在那里,不增不减;你跟,或者不跟我,我的手就在你手里,不舍不弃。”

在动乱年代,不可避免的是颠沛流离,此时的林徽因就像是打落凡间的“七仙女”,历经风霜,病体支离,物资匮乏,有时要靠朋友们的资助才能维持日常的家庭开支,这与那喝茶吟诗、谈天论地的生活天壤之别。林徽因有没有抱怨过这样的生活?会不会后悔自己当初跟随梁思成的选择?这是谁都会想的问题,这并不为过,但林徽因亦用最坦荡,最坚定的脚步告诉了我们,她从没用后悔过。

面对生活的困境,林徽因没有哭泣,没有抱怨,而是入乡随俗,像一个农村的家庭主妇一样,什么粗活累活都干。她会在菜籽油灯的微光下,缝着孩子们的布鞋;她会买便宜的粗食回家烹煮。为了赚钱补贴家用,她不顾病体,坚持去给云南大学的学生们补习英语,每天她都必须要翻过四个山坡。昆明海拔高,稀薄的空气对林徽因的肺是一个巨大考验,可她依旧坚持往来。这样的爱,相信哪个男子都会感动吧。更何况,在和平年代,她凭着对事业的狂爱,主动放弃一度安逸的生活,坚持披着微雨落花上路,托着一身病骨,陪伴梁思成翻山越岭、风餐露宿到处寻访古建筑。

更难能可贵的是,林徽因和梁思成还都保持着一种难能可贵的“倔强的幽默感”,以戏谑的眼光来看待杂沓纷乱的一切。有一次,梁思成把伴随他二十多年的派克金笔和从纽约购得的手表当了,换了两尾大草鱼,以改善一下家里的伙食。林徽因虽然不舍得笔和手笔,不愿意梁思成这样做,但还是幽默地说:“把这派克清炖了吧,这块金表拿来红烧。”;为了减轻经济压力,梁思成弄了一些西红柿种子,请人在家门前种植。李庄人不知西红柿为何物，好奇这些肥硕的红果如此妖异，一尝，更受不了那股酸味，林徽因为此笑个不停，红晕泛上了她苍白的脸颊。

从上流社会走向烟火之地，林徽因没有因此一蹶不振，也没有怨天尤人，而是傲然坚挺如寒风中的青松，她面对困难生活的勇气和担当，令人动容。而她与梁思成相濡以沫、不离不弃、彼此扶持，这样一起吃苦的幸福也成了他们一生中最宝贵的回忆，也更加深刻地阐释了他们的爱。

有人说，爱情很简单，因为每一对相爱的人都会说：“我爱你，我愿意为你付出所有。”

有人说，爱情很艰难，因为每一对爱人都会遭遇风雨，能够一直相扶到老，实属不易。

没错，相爱容易相守难。在爱情的旅途中，顺境和逆境、富有和贫穷、健康和疾病，总是不时交替。顺境时的爱很简单，无非就是相依相伴一起幸福；可逆境时的爱很艰难，它要你顶着暴风骤雨，搀扶着伴侣不离不弃。世间的女子们都该明白，真正的幸福，往往来得没那么容易。

所以，于千万人之中遇到一个她，于千万人中和他相系，无论顺境、逆境，无论幸福、困苦，你都要给予他理解、关怀、支持、照顾，陪他走过千山万里路，陪他走过悲欢离合的人间，幸福就不会疲惫。即使枉了青春、淡了红颜，在这个世界上有你们的足迹和气息，再苦也不能称其为苦了。

所以，苦难面前，你要坚信夫妻恩爱之“苦”是“甜”的源头，用超然的心态看待苦乐年华，以平和的心境迎接一切苦难，一起吃苦，无怨无悔，进而使祸患离身，福泽绵长，缔造沉静而安然、充实而辉煌的生活。毕竟，幸福，不是长生不老，不是大鱼大肉，不是权倾朝野，而是在一起。

即便跟着贫苦的男子，幸福这两个字，也可以被一些女子诠释得很好。她们清楚，爱情和婚姻不是无条件索取快乐与享受的途径，而是带着一份沉重的责任和义务。无论日子过得多么窘迫，只有无恐无惧，无怨无悔地一起走下去，才能不辜负彼此的情谊，才能不辜负一世的韶光。

她的丈夫很穷，靠卖煤生活，她跟着他每天都吃不饱，穿不暖，还要很早起来干活，但她很快乐，并没有因此而抱怨丈夫、厌恶生活，反而活得积极乐观，脸上常常挂着微笑。一天过马路时，不幸悄然靠近，一辆汽车撞倒了他们的三轮车，一车的煤全撒在地上了，她的左腿被车轮压断了，血流了出来，丈夫马上从地上爬起来，把她的褪拿了出来，裹住她的褪，并赶快将她送到了医院。

她的左腿被截了，出院后丈夫让她在家休息，他一个人去卖煤，但她不同意：“这段时间一直是你一个人干活，住院又花了不少钱，我不忍心再让你一个人干活来养你和我”，说着她抚摸着丈夫的脸颊，继续说，“我吃不饱没关系，倒是你，瞧，这段时间，你都瘦了。”丈夫叹了一口气，“好吧，一起也好，你自己在家我也不放心，但你若是累了就告诉我，咱歇一下啊。”

就这样，丈夫在前面一手把着方向，一手拉着车，她则拄着拐杖，一瘸一拐地在后面推着三轮车。车上整整一车煤那么的重，她脸上全是汗，丈夫也是如此，但她脸上洋溢的是欢笑。有人不解地问她：“你们这么穷，为何还这么快乐？”她笑着回答道：“我们是没钱，但为什么不快乐呢。想着我和我丈夫可以整天在一起劳动，挣钱养我们的小家，我为什么要觉得不快乐呢。”

一个人只要内心觉得幸福，清贫而听着风声也是一种幸福。孔子的弟子颜回：“一箪食，一瓢饮，在陋巷，人不堪其忧，回也不改其乐。”住在一个破烂的小地方，厨房里只剩下一小筐粮食，一小勺水，别人都忧虑得焦头烂额了，颜回仍然不改其乐，无疑他是幸福的，颇有生活情趣。

“少了大的惊喜也要找点小快乐，就算有些事烦恼无助，至少我们有一起吃苦的幸福……”想想看，在这样的一生，陪着心爱的人一起享受吃苦的幸福，然后一起走向幸福，那该是多大的幸运，就像现在听着《一起吃苦的幸福》这首歌，心莫名地感觉温暖，一层层幸福感席卷而来。

你不勇敢，谁替你坚强

泪是苦的，心是暖的，时光就这样墨染着人生画卷，飞翔了又跌落了，跌落了又飞翔。在此期间，世间的女子可分为两种：一种是幸福的，一种是坚强的。每个女子都希望自己获得幸福，但并不是每个人都够幸运，很多时候很多情况下，你不得不坚强。不是本性坚强，而是现实不容许你脆弱。

1940年10月13日，日机的狂轰滥炸逼着逃难者继续撤离，林徽因等人不得不远离都市，艰难的旅途持续了两个星期，到达南溪县的李庄。在这里，营造学社有了教育部的资助，梁思成以新的热情投入了学术工作，并没有太多的时间陪林徽因，而一直与她为邻的金岳霖每天早晨得到城里有课，晚上才能回来，一天没吃没喝、没休息，自然也难得抽闲为她解闷。那时候林徽因的肺病已近严重，但她还要面临无休止的家务事，她的心格外的脆弱，在给好友费慰梅的信中，她写道：“人在漂泊的时候，总会感觉自己力量的微薄，许多时候我们无力改变人生的沟渠，就只好任由流水东逝。”病时无事，她开始不厌其烦地怀旧，怀想那些自由自由的留学生活，充实满足的考察生活，优雅安逸的沙龙生活，却瞧见镜中的自己憔悴如黄花，原来竟这般的老了，岁月的繁花随水漂流。

不过，林徽因也知道，一切苦痛都要自己承担，她没有理由将自己的病痛强加在任何人身上，所以纵算卧病整整四年，她也能让文字不悲不泣，日子过得不惊不扰。对此，她用一段话作了合理的解释：“一样是旅行，如果你背上肩的不是照相机而是一点做买卖的小血本，你就需要全副的精神来走路；你得留神投宿的地方；你得计算一路上每吃一次烧饼和几颗莎果的钱；遇着同行的战战兢兢的打招呼，互相捧出诚意，遇着困难时好互相关照帮忙，到了一个地方你是真带着整个血肉的身体到处碰运气，紧张的境遇不容你不奋斗，不容你不坚强。”

在成长成熟的那段时间里，注定会有一个人的风花雪月，一个人的清幽寂寥，一个人的倾尽浮生，一个人的笑傲江湖。在多年在外漂泊的时候，当丈夫没有时间陪伴时，在朋友分散天涯的时候，林徽因是孤单落寞的，但她没有倒下去，而是选择了坚强，不轻易地脆弱给任何人看，

凤舞九天，歌啸世间，人皆有心脉，不论是谁；人皆有命运，不论在哪里；人皆有悲欢，不论是贫富；人皆有无常，不论躲何方；每个人有每个人的甜蜜，每个人有每个人的苦涩，那么多的心思，不可能全为别人所知所懂。终是人皆有各自人生，人皆有各自生活，人皆有各自旅途。

慈悲也好，自私也罢，你不勇敢，没有人替你坚强，你不坚强，没有人一直领你，过完一生；欢喜也好，悲叹也罢，你不勇敢，没有人替你坚强，你不坚强，没有人永远陪你，相携一世……你不勇敢，谁替你坚强？这自问，带着一抹凄凉，一抹无奈，可更带着的是怒其不争，恨其无力。

你不勇敢，谁替你坚强。男子是这样，女子，也该这样。女子的坚强并非能在外表体现的，要到她的内心深处去印证。外在的坚强是一种虚无的气势，而内心的坚强则是一种修养，是一种人生态度，用坚强抵抗脆弱，用微笑代替眼泪，这充满了真实的力量，能给人一种震撼的美丽。

当身边有一个男子时，你可能会有一种依靠感和幸福感，但也有可能伴随着失望，沮丧甚至痛苦，发生什么都是正常。有他没他，你都必须要依靠自己，怕的时候没人陪，就学会了勇敢；烦的时候没人问，就学会了

承受;累的时候没人可以依靠,就学会了自立…… 坚强如斯,幸福如斯。

霍莉是一个美丽又幸福的女子,她与她的Mr. Right盖里深爱着彼此,生活上处处被照顾着,疼爱着,就像一个公主一样。岂料幸福不长久,婚后不久,才30出头的盖里罹患上了脑癌,并不幸逝世了,霍莉的世界开始残缺,没人在午后再给她准备小点心,没人在睡前再为她关灯…….霍莉痛不欲生,不再微笑,甚至不再出门,整日将自己关在房间里哭泣,母亲和好友都为此担忧不已。

好在盖里在临死前,就预料到了霍莉有可能出现的情况,他已经提前计划好了。就在30岁生日的那天开始,霍莉便不断收到由盖里生前在病中写给自己、临终前交付给母亲按期代寄的信件,这些信件都是为了鼓励霍莉走出忧伤、重新生活而特别设计的。比如,怎么能做出好吃的小点心;买一盏小台灯放在床前,这样睡前就能轻松地关掉灯了,等等。盖里的信为霍莉的生活注入了力量,她明白了,盖里已经不会再陪伴自己,自己终究要自己独自面对生活。每收到一封信,霍莉的生活就向前迈进一大步,最终盖里的离去成了霍莉全新的开始。

人,其实比想象中要坚强许多。

有些黑暗,只能自己穿越;有些痛苦,只能自己体验;有些孤独,也只能自己品尝。你永远都不会知道自己到底有多坚强,直到有一天,你除了坚强别无选择。想要成蝶的蛹就要破茧,想要重生的凤凰就要蘖磐。扪心自问:你不勇敢,谁替你坚强?用心自答:我为了我,也定要坚强。

坚强的女子一定是一只欲火凤凰,在经历了血与火的洗礼,告别了苦难的自我之后,尽管血泪斑斑,伤痕累累,但却获得了光明的重生……

用最美的姿态自我救赎

纷扰尘世，浮生若梦，人生是一场漫漫长旅，品尝悲欢离合，经历生离死别。面对变幻不断的流年，繁乱重重的世事，大多数女子会心起波澜，并且深陷其中。殊不知，所有的心与情的牵绊纠葛，终究要自我救赎。世上没有救世主，我们只能自己救自己，你就是自己的救世主。

自我救赎，就是在心里给自己修一条路，一条由崎岖变得平坦的路。

林徽因病倒在李庄时，不能如从前那样行走天涯，这里雾气笼罩，烟雨绵绵，房屋潮湿异常，恶劣的环境令她的旧病复发，卧床不起。更糟糕的是，在这里她没有什么朋友，不像当年在香山总是高朋满座。林徽因原本就是一个热爱生命的女子，她喜欢被人围绕的生活，而不愿静守在狭小的空间里孤芳自赏，而现在一切成了回忆，她的心被寥寞和感伤慢慢覆盖，逃不开，躲不掉，承受的滋味是如此的难受，所以林徽因害怕生病，生病不单是身体上的痛苦，更是灵魂上的折磨。

不过，林徽因是一个聪慧的女子，她明白自己虽然征服不了命运，却可以驾驭自己的情感，把握自己的心。她不喜欢川南小镇的潮湿和偏僻，却开导自己说："当一个人独处在静静的大花园中的寂寞房子里时，忽然天空和大地一齐都黑了下来。这是一个人一辈子都忘不了的。"；她不喜欢独自的寂寞与孤廖，却乐观地说："无论我坐着，我又走开，我都一样心跳；我的心前虽然烦乱，总像绕着许多云彩……"这些句子里，没有哀音，有的只是一个女子冷静的诘问。

与此同时，林徽因仍保持她的创造天赋和坚毅态度，她在李庄完成了诗作《一天》、《忧郁》等，论文《现代住宅设计的参考》；协助梁思成编著英文注释的《图像中国建筑史》，完成了中文的《中国建筑史》；试图把梁思成和营造学社其他成员过去十二年中搜集到的材料系统化，以至于梁思成曾说：“在战争时期的艰难日子里，营造学社的学术精神和士气得以维持，主要应归功于她。”

红尘有路艰幸渡，每个人的人生都是一场救赎。不同的是，有的人选择没有希望地活着，他们忙着死，有的人永远没有放弃希望，他们忙着活。在最艰难的时候，林徽因没有丢失掉她那与生俱来的优雅而淡然，莲花依旧，清风徐徐，这注定了她会是一个自我救赎的智者和勇者。

林徽因所取得是，就是这样一种完美的成功。在不可把握的年代，在沉浮逆旅的岁月，她平静地品味风云激荡，坦然地面对流离失所，这是一种高层次的自我救赎，她差不多用优美而完美的姿态做到了这一步。

这样的女子，既不是让人穿肠至死的毒酒，也不是绚烂至极的芍药，只会是一杯清淡耐品的闲茶，是一朵雅致素净的莲花。想来这就是林徽因不同于其他才女之处，无论在何时何地，她都不会让自己逆水行舟，倘若不慎溺水，也会用最美的姿态自我救赎。所以，她的生命里尽管亦有许多的残缺，而我们看到的则是花好月圆。

或忙于生，或忙于死。一生之中，我们不断地做着抉择，一面是正一面是反，一面是积极一面是消极。命运掌握在自己手中，道路要靠自己选择。黯然的光景中默念着人生的救赎，抱着强烈的生存欲望，逼着自己一刻不停地向前跑，即使在奔跑的前方，那么，人生就有可能被救赎，体验到重生。

自我救赎需要勇气胆量，因为需要冒险；自我救赎需要毅力，因为需要坚持；自我救赎需要智慧，因为需要方法。心怀希望，运用智慧，坚定信念，坚持如初，方能踏出一条自我救赎之路。电影《肖申克的救赎》讲述的就是这样的一个故事，值得每个人，特别是每个女子学习。

安迪是一个弱不禁风的但前途无限美好的银行家，他被诬陷将要面临一场牢狱之灾，生活从万丈悬崖坠落，以往的一切美好从此将不复存在，面临的是黑暗、肮脏、污浊的环境，他内心难耐的痛楚可想而知。他几次找证据证明自己的无辜，却被企图利用安迪为自己洗黑钱的狱长驳回，然而对于像安迪这样的人来说，他相信上帝只助自助者，于是一段与命运抗争的故事就此上演。

当旁人都在叙谈希望是妄想时，当旁人都在过着被体制化的牢狱生活时，当旁人都在用自我的方式消磨时间时，安迪不屑一顾，他一周一封信地写着，让狱警们认为州议会不可能捐款捐书给监狱的事一下子变得可能了起来，只不过需要时间，接下来只是等待而已；他一锤一锤的凿着墙壁，让狱友们认为需要近乎六百年方能凿开的隧道，最终仅花了不到二十年，又一次见证了希望的力量。最终，安迪涉过肮脏污河，涤尽罪恶，在彼岸获得了重生。这是一个奇迹，这也是早已注定的。

安迪用二十年的坚持告诉我们，面对命运的捉弄和人生的尴尬，我们该怎样救赎自我——一个人遭遇多少艰难和困苦，内心的挣扎和向往只有自己真正知道，心灵的归宿也只能自己去选。借助于智慧、希望、坚持，进行自我的救赎，才能真正获得心灵自由，才会真正体会到“生”的快乐和美妙。

一次自我救赎，就是一次自我的历练，就是一次自我的成长。用智慧铺开前进的道路，用希望点燃不灭的梦想，用坚持迈开坚定的步伐，不沉浸于苦痛的彷徨、迷茫，那么任凭时光飞逝，物转星移，你都能在光年里桃花依旧,笑看春风。女子若能如此,该是何等的洒脱,何等的矜贵。

奢侈是不给愉快的，它只有增加你的戒惧烦恼

花谢花开，冬去春来……唯有那时间，一去不再。奔走于红尘之中，我们匆匆向前，苦苦寻觅，却往往不知道为何奔走，也不知自己最终停留何处，一路奔波，一路捡拾，亦一路丢失，当累了，倦了，才感叹这路怎么如此望不到边际，如此遥不可及，问天问地，幸福在哪儿？

幸福，在哪儿？其实人生路漫漫，幸福很简单，不需要锦衣玉食、香车名宅，不需要生活里时刻恢弘盛大，只要有人陪着慢慢地走，跨千山，涉万水，走天涯，越海角，永不言弃；只要不为名扰，不为物忧，没有太多的计较和周折，不受任何羁绊，始终循着自己的方向，行走于红尘。

林徽因是简单的，她在自己选择的道路上简单的生活着，没有波澜壮阔，却安静平和。风吹过，带着栀子的花香，蝉鸣过，带着柳叶的清香，轻轻煮一杯淡茶，淡淡落下几句诗行。行至水穷处，坐看云起时，原来生活竟可以如此简简单单，如此安静宁和。难道这不是一种完美吗？

林徽因在与世隔绝、设施简陋的李庄生活了整整六年，没有水电，没有商店，没有医院，仅有几间农舍平房。在写给费慰梅的信中，林徽因提及过这段生活："在菜籽油灯的微光下，我必须为思成和两个孩子不断地缝补那些伺候了我们九到十年、几乎补不了的小衣和袜子……要修理还真的要很大的技巧……"，林梁两家都是名门望族，他们何曾过过这样粗简的生活，但他们却安贫乐道，过得坦然自在。对此，林徽因解释说："奢侈与舒适的生活，大多会滋生杂念和烦恼，束缚人的内心。"

后来，老朋友金岳霖也赶到了李庄作陪，还有英国友人李约瑟博士、费正清的到访，这些都曾给林徽因和梁思成孤寂的生活带来过一些别样的色彩。那段时间里，他们依旧像在北京时那样，在下午四五点钟聚在一起，聊天、议事、谈梦……与在北京不同的是，现在这里没有了可口的点心，没有了淡香的茶茗，他们喝得是粗茶，吃的是淡饭，但林徽因却说：“精神上的交流让我们很欣慰，我们到底是同一类人，我们还在一起，变化的只是空间和时间，不变的是朴素的友谊，灵魂与精神上的交结。在战火的洗礼下，在粗简的生活里，这种交流反而更加真纯，更加可贵。”

这是多高的一种境界啊！一个人能够不被富足的生活蛊惑，又能在贫贱中保持着做人的尊严和内心的快乐，努力地生活着，一步一步地朝人生的高处走去。和那时的林徽因比起来，我们大多数人都是幸运的，然而我们是否也常常像她那样试着享受简单的生活，发现美、感受美、创造美。

这种快乐，就是活得简单，简单地活着。简单是一种境界，是人生心境上的一种历练、豁达；简单是一种完美的生活态度，是经历人生冗杂后凝就的一份精髓。简单，是平息外部无休止的喧嚣，回归内在自我的唯一途径，更是一种至纯至美的人生境界，也方能看清幸福最真实的样子。

“奢侈”究竟是一种病态的生活，还是一种时尚的追求呢？每个女子都有自己不同的评判标准。但当一切都即将落幕，你就会方才幡然醒悟，奢侈是不给愉快的，它只有增加戒惧烦恼。一个女子若能戒贪、戒痴、戒瞋，活得简单些才能活得自由，活得轻松，缔造一个纯洁无染的圣洁灵魂。

外面的世界很精彩，精彩的世界里充满着诱惑，要舍弃的东西有时很美丽，于是人们内心开始纠结和挣扎。拥有一个价值连城的物件，固然是幸运之事，但若这件身外之物给心灵带来负累，给生活制造了重重麻烦，真的不如不要。生活在尘世中的女人，应该明白这个道理：人生就是在舍弃和获得的交替中得到升华，从而到达高层次的境界。

在远离城市喧嚣的僻静处，有一条老街，街上有一家茶馆，里面住着一位老妇人。

和街上其他的商家不同，老妇人还保留着最原始的经营方式。他坐在茶馆门口，不吆喝，不焦躁，过着与世无争的悠闲生活。她经常戴着一副老花镜坐在那里打毛衣，身旁放着一把紫砂壶。老妇人并不在乎生意的好坏，她老了，挣的钱够自己生活，她很满足。

一天，一个经营古董的商人从这里经过，无意间看到老妇人身边的紫砂壶。那把壶古朴雅致，紫黑如墨，颇有清代制壶名家戴振公的风格，他在世界上有“捏泥成金”的美名。商人走过去，得到老妇人的允许后，他拿起那把壶仔细端详起来。果然，这把紫砂壶的壶嘴外有一记印章，还真是戴振公的！能在这个小巷子找到如此珍贵的古董，商人惊喜不已。商人对老妇人讲，他愿意出10万元买下这把壶。老妇人听到这个数字先是一惊，随后拒绝了，因为这把壶是她丈夫留下来的，这可谓是他们家的传家之物，意义非凡。

紫砂壶没有卖成，可商人走后，老妇人有生以来第一次失眠了。她没有想到原本自己眼中的普通茶壶，竟然这么值钱，她的内心有些不平静了。商人的出价还是打破了老妇人平静的生生活，原来她躺在椅子上喝水，都是闭着眼睛把壶放在小桌上，现在她总要坐起来再看一眼。由其让她不能容忍的是，当周围的人知道她有一把价值连城的茶壶后，门槛都快被踏破了，有的问还有没有其他的宝贝，有的甚至开始向她借钱。更过分的是，还有人大晚上来推她的门。一把壶，把老妇人原本安宁的生活彻底搅乱了。

过了一段时间，商人又来了，这一回他带着20万元现金登门。老妇人再也坐不住了。她下了决心，招来左右店铺的人和前后邻居，当众把那把紫砂壶摔了个粉碎。

外面的世界很精彩，精彩的世界里充满着诱惑，当一个人开始不停地追逐那些超然物外的奢华，是因为她要不到想要的安心和温暖，于是用华美的假象遮掩内心的荒凉。新奇和时髦的事物总是层出不穷的，追求的目标越来越多，奔跑的速度越来越快，整天忙碌着，奋斗着，只会让心越来越累，生活不得轻松，怎能活得幸福呢？

拥有一个价值连城的物件，固然是一件幸运之事，但若这件身外之物给心灵带来负累，给生活制造了重重麻烦，真的不如不要。

仔细想想，每天实际维持生活的必需品有多少？其实并不多吧？我们需要得多，其实只是因为我们想要的太多，人心一贪，就容易被物质所奴役。那么，现在就从简化生活开始吧。将生活所需简化到最低限度时，我们的心就离物质越来越远，离纯净越来越近，心神更加安详，获得轻松自在。

一位老师看着孩子纯真的笑脸，问道：“你们幸福吗？”

孩子们异口同声地道：“幸福！”

老师又问：“你们是只有今天幸福，还是每天都很幸福啊？”

孩子们答：“每天都幸福。”

老师问其中的一个孩子：你为什么每天都如此幸福呢？”

孩子用稚嫩的声音说：“有小伙伴们和我一起玩，他们可以给我带来快乐，我很幸福；学校让我能够认识更多的小朋友，我很幸福；我喜欢我的老师，老师教会我很多的东西，我很幸福。还有爸爸妈妈、爷爷奶奶，他们都够带给我幸福”。

老师听了，欣慰的同时却也感到有些惭愧。原来，幸福是这么的简单。在幸福这一方面，站在讲台上的应该是孩子。

幸福是什么？幸福该是沙漠中一片清凉的绿洲，我们跋山涉川，望眼欲穿，最终却只见到几丛沙棘；幸福该是大海中的一颗闪亮的珍珠，我们涉江探海，寻踪觅迹，末了却只捡到几只贝壳；幸福该是旅途中的一座舒适的城堡，我们饥餐渴饮，夜往晓行，最后却只找到一处陋室……

生活清贫而内心富足的女人，更容易体悟到生活的美妙，哪怕是一个细微的幸福，也能够将其无限放大。

“菩提本无树，明镜亦非台。本来无一物，何处惹尘埃。”身为女子，你若想在红尘中获得一颗若莲素心，让生活多一点快乐和惬意、恬淡与温馨，就要将生活化“繁”为“简”，用纯粹的心体味生活，不必挖空心思奢侈到底，不必贪图名利与富贵，简简单单地存在，简简单单地幸福。

一份淡定、一份澄明、一份雅致，在简单中顺畅，在简单中成就，在简单中自得，这种简单很可敬，此种心境甚是可贵。远离奢侈，抛弃繁复，但求简单，随处安然。如此，福气至深。写下一些文字，借以自省吧——“愿我来世，得菩提时，身如琉璃，内外明澈，净无瑕秽……”

那些千万学不得的庸俗

为难女子一生美丽的，除了一去不回的时光外，还有，就是庸俗了，庸俗往往伴随着浅薄、粗俗、虚荣、偏执等词语。曾经有多少燃烧着渴望卓越之火的灵魂，在人生的岁月里被庸俗的浪花溅湿了理想的柴薪，窒息了进取的烈焰，内涵越来越感贫乏，一时间美感消失殆尽。

林徽因则不同，她虽然载着风尘从远方而来，有着疲惫，有着沧桑，但也有着普通人无法理解的深邃的思想和高尚的品行。喜欢这样的女子，在她身上，我们看不到一点庸俗的影子，这种远离了庸俗的高贵气质，使她成为了一个风情万种的女子，也铸就了她真实幸福的一生。

留学归来的林徽因是时尚的、前卫的，她的生活方式也很西方化，经常在家举办“沙龙”聚会，结果引来了一些人的不满，他们对林徽因矫揉造作地讽刺几乎描写到了极致。据说，冰心的《我们太太的客厅》，钱钟书的《猫》写的都是讽刺林徽因宴客的场景。暂且不论事实如何，单说林徽因浅薄、做作、卖弄，这种说法是行不通的，因为离开了“太太的客厅”，她是严谨求实的科学的建筑学家。她放弃了原本舒适和优越的生活，用了十五年与梁思成奔走中国十五个省，选择做一步一个脚印的研究，一个矫揉造作的女子是不可能像她这样脚踏实地的。

再说，在战火纷飞的年代，林徽因多年流离失所，不得不整日为柴米油盐操心，凡事亲力亲为，因为生存而变得实际。那时候，许多人心中藏着一些不表现出来的担忧、愤怒和焦虑，它形成了一股感情的暗流，那些一起逃难来的研究人员中间包括他们的妻子们在内，常常为了十分菲薄的生活供应，愤怒、谩骂，甚至以小孩子的方式相互打起来。可林徽因却没有成为那种满腹牢骚、斤斤计较的庸俗凡妇，她安于这种农民似的生活，心中始终充满盎然的诗词，充满了爱与暖。

另外，战乱的岁月里，人命惟浅，而且建筑学的研究并不是应急之务，然而林徽因却依然挂记着自己的建筑事业，她一有空闲便会学习并钻研那些建筑著作，乐此不疲，这令费正清感慨不已，这样评价说："倘若是美国人，我相信他们早已丢开书本，把精力放在改善生活境遇去了。然而，这些受过高等教育的中国人却能完全安于过这种农民的原始生活，坚持从事他们喜爱的工作，真是可贵。"

一江春水向东流，流走的是轻浮的杂质，沉淀的是闪光的真金。

女子，不一定能使自己伟大，但一定不能使自己腐化，变得庸俗。

一切腐化首先是从心灵开始的。心灵腐化，人就会逐渐腐化；心灵庸俗，人也就逐渐变得庸俗。一个心灵庸俗的女子，是猥琐而卑劣的，即使有百万身家、浓妆艳抹，也掩饰不住她的市侩与俗气；而一个心灵高贵的女子，轻捷而有灵气，即使暂时贫穷、素面朝天，也遮掩不了她气质上的光华。

高贵的心灵也许并不鄙视庸俗，就像莲花不会鄙视善于献媚邀宠的月季，但高贵的心灵绝不会在庸俗的泥沼中沉沦，而是以高贵的姿态应对低劣的现实，没有斤斤计较的粗俗，没有自以为是的浅薄，没有自怨自艾的矫情，这样的女子终究无法变得庸俗，反而会愈发显得高贵了。

庸俗产生于愚昧无知，高贵则根植于大智大慧。

她出身于一个清寒家庭，父亲早逝令她下定决心早早辍学，之后她在一家服装加工厂做活，她聪慧勤奋，工作认真，用一己之力供养了寡母弱弟，日子并不见寒酸凄苦，她亦无怨无悔；长大之后，她幸运地嫁给了一个懂她、爱她、惜她的男子，尽管婚后她做起了家庭主妇，但她是一个情趣高雅的女子，尤喜书画，家务针线之余，每以与丈夫欣赏字画为乐，此时的生活于她与他，泛着世俗之外美好诗意的光泽。

这样美好的日子，如果一直走下去该多好啊，可是人世间之事，畅心快意，何其难求！十几年后，丈夫突然因病去世了，她不得不重新走入社会。尽管她已经是半老徐娘，面临着竞争激烈、尔虞我诈的环境，但她都用她特有的温婉与大方相待，待人和气，处事自然得体。很少在她那里听说家长里短的八卦，也很少看到她锋芒毕露锱铢必较，她练达不失柔韧，大事小事周到全面，所有一切，赢得了众人的欣赏。

不庸俗的女子，不会被世俗蒙上尘埃，她们默默地用一种人格的高贵创造着一个比自己容颜更美的世界，那种纯善，是一种灵魂的延伸，是一种温暖的力量，这是她们独特的风格。这种温软与美好，水灵灵，清亮亮，恰似“纸墨飞花”，馥郁众人的情怀，个中令人寻味……

流年转，寂寞散。做个不俗尔雅的女子，在尘世中温和芬芳。

让生活的经验铸就你的成长

很久以来，总是在思考，什么是人生？细想得出，爱情看破了，不过是聚散；红尘看破了，不过是浮沉；生命看破了，不过是无常……但有些女子却活得认真，她们认真细品了爱情，认真善待了红尘，认真感知了生命，最终，在人生的稿纸上写下了一句句美丽的诗行，浸润了心灵。

是的，人生是苦辣酸甜的，生活是丰富多彩的，而人的生命是有限的，经历是一种勇气，经历是一种精神，经历更是一种财富。只有“活得认真”，在无数经验教训中不断积累，才能真正发现人生的真谛，感悟生活的含义，使生命活得精彩。林徽因就是这样一位“活得认真”的女子。

在四川李庄时，林徽因一家的生活是异常艰辛的，甚至一度得依靠异国朋友费正清夫妇的接济。梁思成的弟弟梁思庄这样回忆：林徽因非常消瘦，瘦得只剩一个衣服架子，蜡黄的脸，只在眼睛里才看得到昔日美丽的影子。”不过，林徽因还是显得生气勃勃，像以前一样，凡事都由她来管，别人还没想到的事，她都先行想到了；而且，她还是很健谈，不过和在“沙龙聚会”上趣味盎然的话题不同，现在的她很少开玩笑和嬉闹，更多的是严肃的谈话、冷静的讨论。

经历的生活艰辛和病痛，深化了林徽因的理解力和感情，她曾比较完整地自我表述情感的体验说：“生活必须体验丰富的情感，把自己变成丰富、宽大、能优容、能了解、能同情种种‘人性’，能懂得自己，不苛责自己，也不苛责别人。不难自己所不能，也不难别人所不能”、“人活着的意义基本的是在能体验情感，能体验还得有智慧有思想来分别了解那情感……自己的或别人的！"(《致沈从文三》)。

不仅如此，林徽因还把自己的情感体验表现在了不同的文字上，她的喜悦《微笑》、《你是人间的四月天》，她的伤悲《悼志摩》、《吊玮德》、《哭三弟恒》，她的苦闷《恶劣的心绪》、《忧郁》，她的同情《模影零篇》之《文珍》与《绣绣》。换句话说，是那些亦苦亦甜、亦喜亦忧的生活经验使林徽因体验到了各种情感，铸就了她的成长，给她的人生赋予了深刻的意义，丰盈的充实。

春有百花秋有月，夏有凉风冬有雪，多样性是人生的魅力所在。生命的过程，就是一个经历与体验的过程。认识体验，认识其包蕴的深厚、丰富的人生真味，无疑就是认识了生命，认识了人生。一个人内心的丰盈来源于对生活的用心感受和体验，生活的经验铸就了一个人的成长。

也可以说，人生是一段旅程，过程都是风景。美丽缤纷的风景，就像人生的快乐幸福，能够将生命点亮，丰富人生的美好记忆；而崎岖泥泞的阻碍，就像人生的困惑悲伤，会让前进的脚步沉重，可也能磨砺意志，积累经验，更好地迈开下一步。认真走好每一步，人生旅程定会丰富而精彩！

也唯有人生体验，才能将生命的幸福和苦难理解，获得成长的力量，这正如著名作家张德芬的一段话："我看见我在寻求……的感觉，我全心地接纳这种感受，并且放下对它的需要。用爱去接纳所有我们遭遇的一切，然后放下。人会受苦的最大原因，就是抗拒事实，而从来不懂得臣服。"

玛丽•凯原本是一位家庭主妇，20世纪30年代经济大萧条时期，为了支撑家庭，她开始了自己的销售职业生涯。推销产品时，玛丽没少挨客户的白眼，为此她专门买了销售方面的书籍，凭着不服输的劲头坚韧的性格，最终这些客户和她都成为了好朋友，她的工作做得非常出色。但是她的天赋被浪费了——公司是男人的天下，女性经常受到歧视，她的意见和建议只会遭到嘲笑，更糟糕的是，她46岁时突然接到了降职通知。备受心理伤害的玛丽打算写一本书，指导女性如何在男性统治的商界里生存。在审视这些文字时，她突然想到：为什么不按自己的想法开一家理想的新型公司呢？一个传奇就此诞生。

1963年，玛丽倾其积蓄成立了玫琳凯化妆品公司，这是一家旨在给所有女性提供平等机会、帮助更多女性实现自我价值、丰富女性人生的公司。成功的道路是艰辛的，当时公司的资金只有5000美元，办公场地在一间46平方米的仓库，员工只是9名普通的家庭妇女，但玛丽干得相当认真。在玛丽坚定的信念、辛勤的工作和睿智的决断下，玫琳凯公司获得了举世瞩目的成就，成长为美国最大的护肤品直销商。玛丽让数以万计的女子和自已一样，活得漂亮，活得精彩。

正当玛丽享受功成名就的喜悦时，她的丈夫梅尔死于癌症。亲眼目睹了丈夫遭受的痛苦，玛丽、开始致力于与癌症做斗争，之后她建立了玛丽•凯•艾希慈善基金会———一个为研究女性多发性癌症提供资助的非营利公共基金。与此同时，她也没有放弃写作的梦想，她出了三本书。1995年8月面世的《你能胜出》几天内就荣登畅销书排行榜，她的自传也创造了卖出100多万册的好成绩。就这样，玛丽•凯被评为了20世纪最杰出的商界女性，90年代商界领袖。

穿过千年的历史烟尘，我们降临到世上，如一粒微尘，在时间的流中飘荡。我们享受着成功的快乐，体悟着青春的绚烂，沉醉于亲情的幸福，获得了逆境中的坚强……一个人的成长史是凭借着生命之笔写就的，欣赏岁月的沉淀和时间的幽深，不辜负不期而遇的各种光景，才能不虚此行，不虚此生！

生活是酒，体验就是尽情畅饮：潇洒不羁、激情澎湃。生活是茶，体验就是静心品味：怡然自得、旷远幽静。生活是水，体验就是努力感知：清新无奇、至净至纯。一杯酒，一盏茶，一碗水，静坐一隅，慢慢地与时光对饮。任一弯的思绪，慢慢地舒展着它的自由，凝思而静美。

苦中求乐，从此阳光

当生命的无常，尘事的燥乱，生活的困窘出现时，我们懂了王国维“人生只似风前絮，欢也零星，悲也零星，都作连江点点萍”的哀叹，懂了柳永“执手相看泪眼，竟无语凝噎”的感伤，也懂了杜甫“艰难苦恨繁霜鬓，潦倒新停浊酒杯”的悲苦，于是，“痛苦”像野草一样恣意蔓延。

只是，痛苦不是生活的全部，成长也不是痛苦的累计，而应该是幸福的叠加。痛苦中，用一颗乐观积极的心，学会在苦中作乐，过好每一天，这才算得上是真正的成长，也将最终获得幸福，从此阳光。

满目的冰霜，琳琅的哀伤，终落尽，一世繁华。在战乱的那些年里，林徽因过得是困难生活，但她始终保持坚毅乐观的态度，认真积极地对待生活和事业，并且没有丝毫抱怨。在她认为，这些苦难恰恰也是人生的必须。在给费慰梅的一封信里，她这样写道：“我们遍体鳞伤，经过惨痛的煎熬，使我们身上出现了或好或坏或别的什么新品质。我们不仅体验了生活，也受到了艰辛生活的考验。我们的身体受到了严重的损伤，但我们的信念如故。现在我们深信，生活中的苦与乐其实是一回事。”

1945年底，41岁的林徽因有幸返回重庆，从乡下田坎的泥泞，从低矮农舍的粗陋，从桐油灯放大的恐怖中，林徽因又一次来到城市。尽管战后的重庆破破烂烂，健康状况很不稳定，但林徽因的心情却很好，那久违的繁华离她越来越近，她觉得每一件事都很新鲜有趣，她坐在车上眼睛不停地看经过的路人的新衣服、车流和重庆这个大城市的市民生活，她说：

“这简直像走进了一本杂志！即使我在李庄时用以自娱的最大胆的希望，也不能和这压倒一切的欢乐经历相比拟。”

1946年，林徽因接到好友费慰梅前往昆明的请求，欲拜会西南联大校长梅贻琦，建议清华大学增设建筑系。这是林徽因重访昆明的天赐良机，也是她一直渴望的。尽管健康状况很不稳定，但林徽因犹豫了片刻，便开始收拾行李，她认定“再次到昆明去，突然间得到阳光、美景和鲜花盛开的花园，以及交织着闪亮的光芒和美丽的影子、急骤的大雨和风吹的白云的昆明天空的神秘气氛，我想我会感觉好一些。”到了昆明后，她住在一座花园别墅，飞行的紧张和疲劳使她只能卧床休息，但与张奚若、钱端升、金岳霖等旧友的重聚，又使她狂喜不已，她说：“只有到现在我才体会到古代唐宋诗人的欢乐，他们都缺少旅行的手段，但在贬黜途中却忽然在小客栈里或是在小船上或是在有僧侣做住持的庙里，不管是什么地方吧，和故人不期而遇。这种倾心的谈话是多么动人！

林徽因对待苦难人生的态度，启迪了我们：千万别用经历苦难的多少来衡量你是否成长，是否成熟，是否成功，是否坚强，而是应该学会享受，享受生活的苦难。无论遭遇什么痛苦和不幸，敢于承受，苦中作乐，才能从痛苦中得到解脱，才能理解和享受生活，让生命之火熊熊燃烧。

有人说：生活原本是一杯水，贫乏与富足，权贵与卑微，不过是个人根据自身情况为生活添加的调味剂罢了。有人爱刺激，把它做成多味酱；有人喜欢甜蜜，给它加点糖；有人喜欢甘香，便把生活泡成茶；有人喜欢苦中作乐，便把它冲成咖啡，有一股淡淡幽香，惬意地去品味。

分享一个小故事：

一日，寒风与暖风相遇，看到路人们穿着厚实，便想比试一番，看谁能够将路人吹得脱衣。寒风得意洋洋，觉得自己使劲吹，路人肯定招架不住，便用尽全力地吹，可越是卖力，人们越是紧捂自己的衣服。吹了半天，寒风自己累得气喘吁吁，可路人不仅裹紧了大衣，就连帽子都戴上了。寒风泄气了，为刚刚的狂言感到羞愧；暖风倒是很低调，没说自己一定行，只说试试看。她轻轻地吹，在温暖中，人们似乎放松了紧绷的身躯，慢慢地还觉得有些热了，纷纷脱下了厚重的外衣。就这样，暖风赢了。

分享这则寓言故事的目的，是想告诉世间的女子：置身于寒冷的苦难中，人会不自觉地紧张和惊警，把潜藏的伤害拒之门外；而安逸的生活，犹如那一阵暖风。很多时候，习惯了生活的安逸，就会忘记曾经困苦日子的奋斗，就会身不由己地沉迷于其中，不知不觉地向生活举起白旗。

行走在纷繁的尘世间，女子应当不断地警醒自己：在清冷中保持头脑的清醒，拒绝向温暖投降，在能吃苦的时候，不要过早地选择安逸。

试问，谁不是在经历了痛苦之后，才找到自身的价值，才洞悉生命的奥秘和本质？！一个有气质的女子并非没有苦难的人生经历，只不过她善于把痛苦的痕迹演绎成阳光的旖旎和璀璨，一种痛苦过后淋漓尽致的欢畅和尘埃落定的静谧，一种属于自我真实纯粹的价值的绽放和喷薄。

更何况，有些痛苦毫无价值，比如买了一只鸭子，飞了；穿了一件新衣，破了，这些都是我们常遭遇的痛苦，可也是最没价值的。不如不痛，从此踏过，就算痛过，也从此不屑。心怀广阔一点，气度获得拔升，其性也平，其情也安，那么所谓的痛苦就显得微不足道、可有可无了。

她的生活是不幸的，艰难的，丈夫因做生意赔了钱，受不了打击，走上了绝路，留给她两个未成年的女儿，还给她欠下了一笔债。为了早日还清债务，她每天除了正常上班之外，还做起了淘粪的工作，一做就是五年，终于还请了债务。后有人问她是怎么过来的，她笑道：我的业余爱好是唱歌，每天淘粪我都是按4/4拍掏的。只要不沮丧、不绝望，即使淘粪，也能掏出一曲曲美妙的音乐。”

这样的女子原本是该好好享受生活的，但因为工作太忙累，饮食不规律，没过几年她居然被查出得了胃癌。开刀后化疗后，她的头发几乎快掉光了，女儿们不敢在母亲面前提及头发的事，可是她却毫不在意，主动要把剩下的头发也剃光，并用调侃的语调说：“不小心做了尼姑，也不知道尼姑庵招尼姑有什么要求？”由于她能乐观面对疾病，使自己增强了战胜疾病的信心，手术后多年身体依然很硬朗。

著名作家林清玄曾说过这样一段话：“心美一切皆美，情深万象皆深。”一个女人的内心是美丽的，她眼里的一切都是美丽的；一个女人的情感是深厚的，她会觉得世间万物都很深刻。世界上的万物，没有一样是不美好的，即便是破洞的袜子，它也是漏掉累赘留住的幸福的网。

劳累中透轻松，苦难中找乐趣，这绝对是一种超然豁达的境界，天下的女子若能有这样的心境，还有什么累不能战胜，什么苦不能熬过呢？苦中作乐，苦中寻乐，自得欢乐天地间，此生潇洒亦悠然。这样的女子就像盐碱滩上迎风绽放的芦苇，有着一种不着颜色、动人心弦的美丽。

生活是一片霞，却又常把寒风苦雨洒；生活是一根藤，总结着几颗苦涩的瓜……痛苦和快乐之间，只差一步路。同样是活着，为什么不活得快乐点？同样要走下去的路，为什么不笑着走呢？收起脸上的愁云，把自己的内心调整好，以阳光的心去生活，你会发现，人生虽苦，但也处处可觅快乐和幸福。

新鲜压住所有的愁闷

生活中，有这样一群女子：她们每天都重复相同的工作和生活，日复一日，日子久了，视觉疲惫，心里也会麻木，感觉每天都是一成不变的。思维慢慢地僵化，过早地丧失了对生活的好奇心和对生活乐趣的感知，觉得生活了无生趣，行为机械地像呆板的机器人，枯燥乏味、死气沉沉。

这样的生活有点像太极拳，一个又一个圆，每天的生活就是不停地画圆，圆画好了像涟漪一样荡出去，扩散，新的圆又开始。圆是美好的，但只有一个个圆，永远重复，永不停留，无始无终原本是无上的智慧，就会成为解不开的枷锁……这时，我们缺少一份新鲜，或者是一份改变。

林徽因有一个习惯，喜欢享受生活中的新鲜。

林徽因一家回到北京时，战争已经结束一年多了。通货膨胀已到了吓人的程度，为了维持日常生活，梁思成接收了耶鲁大学的邀请函，作为客座教授到纽黑文去教中国艺术和建筑。每次回来时，他都会林徽因和家人精心挑选礼物，大多是美国家用的电子小玩意。尽管这与林徽因所期待的漂亮的服装、纺织品和小摆设等有所出入，但她还是尽情地享受着这些礼物给她带来的新鲜感。在给费慰梅的信中，林徽因如此说道："……在一个庄严的场合，梁先生向我展示了他带来的那些可以彻底拆、拼装、卸的技术装备。我坐在床上，有可以调整的帆布靠背，前面放着可以调节的读写小桌，外加一台经过变压器插入普通电源的录音机，一手拿着放大镜。另一手拿着话筒，一副无忧无虑的现代女郎的架势，颇像卓别林借助一台精巧的机器在啃老玉米棒子。”

再来看1954年搬家的事，梁思成从清华新林院8号搬至胜因院12号来住，搬家的担子全部落在卧床不起的林徽因身上。当时家里有一位市政府派来的“待业中医”老罗，家中另有一位阿姨，帮助梁家料理。这时林徽因虽然身体孱弱，卧病在床，但她决定参与搬家的事情，发挥她的规划与建筑才能。她先将东西分类整理编号，尺寸量好，计划安放的地点，按图都画好，有些东西也作了一些处理。当一切归置完毕以后，林徽因虽然感觉到了累，却也获得了一种新鲜的满足感。

在林徽因准备做肺部切割手术时，梁思成也完成了在耶鲁大学的教课任务，他火速归国照顾林徽因。在一阵情绪高涨中，林徽因决定出去散散心，梁思成鼓励了她，并给她雇了一乘负责往返的滑竿，颤颤悠悠的滑竿一直把林徽因抬到了颐和园的后山，这是她最喜欢的地方了。这时正逢初秋，头天夜里刚下过一场雨，空气清爽而通透，四下里可以望到很远的地方。女儿梁再冰和儿子梁从诫一左一右护佑林徽因，他们快乐的说笑声感染着林徽因。美好的景物和亲人的爱让林徽因觉得自己像个大贵族一样富有，她好久没有这么开心了，她为自己拥有这一切而心怀感激。她感激这晴朗的秋日和这动人的风物景致，使她暂且忘却了缠人的病痛。

林徽因尽情地享受着生活中一切新鲜事情，也深情地眷恋着这一切，正是这一切，让她感受到活着、生活着有多么好！“我就是这样从水深火热中出来，又进行了这些所谓‘不必要的活动’，要是没有这些，我也许早就不在了，”林徽因自己说：“像盏快要熄的油灯那样，——暗，暗，闪，闪，跳，跳，然后就灭了！”

不要忽视生活中的新鲜，学着享受它，营造生活的情趣，这就是林徽因。一年三百六十五天，几乎所有人每天都重复相同的工作和生活。我们若要生活得快乐，就该为自己建造一种充满感受、思索和行动的时钟，用它来代替这个枯燥、单调、以愁闷来扼杀心灵，冷冷地嘀嗒着的时间。

当然，生活并不可能天天都是新鲜的，我们也不能为了追求新鲜而一再地改变生活轨迹。但有时候，再平凡的生活也会因为细心的观察和体会而变得不一样，不经意间也总会有惊喜跳出来，让我们的心为之一动。这正如一句话所说："世界并不缺少美，而是缺少发现美的眼睛。"

那么，什么才算得上新鲜？难道要"春风得意马蹄疾，一日看尽长安花"才算得上新鲜？难道非要大明湖畔，江南雨巷，邂逅丁香一样的姑娘才算得上新鲜？或者非得一夜成名，一夜暴富，一时间将所想所要之物全部占为己有才算得上新鲜？不，并非如此。平淡之中的新鲜才最可贵，最需珍惜！

对此，相信很多人很有体会：把书桌从卧室东面移到西面，空间变大了，心情也变爽了不少；厌倦了红色的钱包，换一个黑色的，感觉很好；整天西装革履的上班，突然一身休闲打扮，年轻了不少。诸如此类，生活中的一个小小改变，投入并不大，却能改善我们的生活好几天，何乐而不为呢？

再比如，散步时，偶然碰到一个好久不见的朋友，于是停步聊了下近况。虽然之前不是很熟，也未曾在一起长聊过，但因为是较少一起谈天的，那种声音、语气、表情以及感觉都是不曾接触到的，也对他人有了进一步的了解，生活因此有了一种令人惬意的小变化，有了一种新的感受。

再比如，周末或假期，无论是去寂静的山间田野，还是去繁华热闹的街市，还是去一个陌生的地方。让自己远离一下司空见惯的老地方，走走不一样的路，看看不一样的人，做做不一样的事情，那种感觉一定很特别,可能会有一丁点的担忧,但更多的是一种新感觉带来的快乐。

生活的每一天,本来就是新鲜的,就看你能否用心去感受。

生活是美好的,生活是新鲜的。新鲜,意味着希望。

来看一个女子的自述吧:

一直以来,我总是过着平淡,安稳的生活,晚上睡觉前我就可以预料第二天该做什么事情,会发生什么故事,这样的日子让我觉得没有意思,没有激情,直到一天我在家里种了一花花草草。平时我一有空,就会提上一把盛满水的花洒,往花草上浇灌。也倾注下我长长的希望,像父母期望孩子快长大一样,我的希望也是它们能快快长大,并且长出美丽的花朵。我耐心地等待着,在一个毫不在意的一天,我无意的往花盆上瞄了一眼,竟然有少许的嫩芽冒土而出。我惊喜万分,我知道我的春天来临了。在后来的日子里,我欣喜地看着它们逐渐长大和强壮。终于在一个晴朗的日子里,入春以来的第一朵花开放了。像一个磁铁一样吸引了我所有的目光!而它却也默默地接受着,并且开出更多的美丽而清香的花。看到它顺滑的花瓣,刹那间,欣欣向荣之情从心底油然而生。

这就是新鲜感,虽然没有轰轰烈烈,但让人从心底感到踏实和温暖,感到生活总是充满希望的。也许你也曾为平淡的生活而沮丧,也许你也曾为无尽的失望而懊恼……但是,这都不是真正的生活。一个真正会生活的女子,一定是处处会制造生活新鲜感的人,是能发现生活小惊喜的人。

不必太多太发生的惊喜从天而降,只希望小惊喜可以充分享受。

从未听说人生如直线一般平直,若是如此,何来跌宕起伏的人生大戏;从未听说生命如秋叶飘零般寂静,若是如此,何来生如夏花般绚烂;从未听说漫漫人生路上无新鲜可循,若是如此,定是你习惯于生活所有

“习惯”，紧闭了发现新鲜的眼睛，缺少了一颗享受惊喜的心灵。

停下匆匆的脚步吧！看，天空处一片碧蓝，花丛中一点嫣红，树林间一缕嫩绿，生活平添了几分亮丽的色彩。听，悠扬的鸽哨，潺潺的流水，清脆的鸟鸣，甚至再平常不过的鸡叫狗吠，也能为生活增添数点悦耳的音符。新鲜是意外，是邂逅，是突然出现的光明，压住了所有的愁闷。

上帝不会把全部都给你

完美，多么让人心动的一个词令！

在追求完美的道路上，多少女子孜孜不倦，锲而不舍，欲图谱写一曲金相玉质的篇章。然而，这不过是一厢情愿的幻想罢了，因为上帝吝啬得很，决不肯把所有好处都给一个人，给了你美貌，就不肯给你智慧；给了你金钱，就不肯给你健康；给了你天才，就一定要搭配点苦难……

遗憾的是，很多女子看不穿这个道理，她们总是怨天尤人，埋怨自己的长相不好，身材不好，出身不好；埋怨工作太累，赚钱太少，买彩票不中大奖；别人有车开，自己买不起……总觉得上帝给别人的恩赐多，给自己的恩赐少，结果光阴似箭，流年偷换，一切没有改观，空留遗恨。

不过，聪慧如林徽因，却懂得上帝给予每个人的都不会太多，灾难来了，那么就承受吧，这是命中劫数！只要好好珍惜其中的一二，并不断用心血去打造，就能拥有生命的芬芳，就能拥有骄人的成绩，就能拥有幸福生活。

林徽因一直身体不好，弱不禁风，还有肺病，肺病在那个年代很难治疗，自婚后不几年她就一直在卧床养病。后来，林徽因为了建筑事业四处奔走，旅途的劳顿让她原本有些孱弱的身体受到损伤，肺病越来越严重；夫妇两人原本在东北大学如鱼得水，工作极其顺利，遗憾的是东北地区严酷的气候损害了林徽因的健康，导致肺病更加严重，身体不堪一击，不得不返回北平去香山长期疗养；抗日战争正式爆发后，林徽因与梁思成并一家老小辗转南下，南方的气候总是潮湿的，他们又居无定所，四处流亡，林徽因的身体更糟糕了，她为这一身的病吃透了苦头。

尽管林徽因的身体一直病怏怏的，被当时像癌症一样不可治愈的肺病纠缠不休，但她没有被疾病击倒，而是把疾病当做恩宠，坦然接受，乐观对待，在疾病中奋发进取，不懈追求，始终有一种生气勃勃的活力。用吴良镛的话来讲，就是："林徽因先生思想之活跃、理论之追求、想象力之敏锐，无不令人钦佩，我们都为她的激情所鼓舞。"她的不少诗作就是在养病中写下的；避乱南下的窘境里，林徽因病得极重却既无药也无任何补品，把梁思成急得团团转，她却仍能躺在病床上还学人家排戏，铿锵有力地说莎士比亚的台词："TO BE OR NOT TO BE？"

得了癌症一样不可治愈的肺病，林徽因没有心生抱怨，没有自暴自弃，而是想通，接受，乐观。这种勇敢和无所畏惧的性情源自她的聪慧：人生如打牌，有时你会拿到好牌，有时也会拿到坏牌，既然发牌权不在你手里，那么，你能做的只有把牌打下去，并努力打好，除此，别无选择……

听说过一种生命力极为顽强的植物——生长在贫瘠土地上的芨芨草，它们依存着那土地仅有的一丝肥力，在瑟瑟的寒风中摇曳生姿，而在如此贫瘠的土地上，其他植物是根本无法生存的！生存环境如此恶劣，植物尚且能顽强地，用自己微薄的力量生存下去，我们为什么不呢？

放眼望去，大千世界里的女子们，总是习惯欣赏、赞叹别人，在羡慕之余有人自惭形秽，、却很少懂得做好自己。或许，你曾懊恼自己没有良好的家境，可为何不看看，如今自己拥有的那一双能够独立飞翔的翅膀？或许，你曾后悔自己在过去的人生中留下过太多遗憾，可为何不看看，如今的自己更懂珍惜呢？或许，你曾烦恼自己没有出众的样貌和身材，可你为何不看看，如今的自己也有了另一番知性的气质呢？

每个人感觉的幸福都不同，健康地活着是一种幸福，自由的呼吸是一种幸福。当生病的时候，有人陪在床边端茶倒水，这也是一种幸福。情人节的那天，即使没有玫瑰和烛光晚餐，只要能和爱人在一起也会幸福。

学会欣赏你的优点吧，你的思想，你的文字，你的潜力，你的性格，你的品质……在无人为你鼓掌的时候，给自己一点鼓励；就无人安慰自己的时候，为自己擦掉眼泪；在自惭形秽的时候，给自己一点自信，去迎接新一天的太阳。这一切，一切，都能让你散发出无与伦比的光芒。

是啊，上帝给谁的都不会太多，有时，它给我们的，甚至是我们所需要的反面。这时候，最好的方法不是怨天尤人，更不是自暴自弃，而是自立自慰。就如莲，上帝给它的是污泥，却成就了莲出淤泥而不染的高洁；就如蛹，上帝给它的是茧子，是束缚，却成就了蛹破茧而出的飞翔。

当然，欣赏自己不是自视清高，也不是孤芳自赏，而是在平凡中发现自己的独特魅力。你看那春寒陡峭中的冰凌花，它从来不被人像牡丹那样地宠爱，而它仍旧义无反顾地迎着寒风倔强地开着。天底下的至香至色，只愿与清寒相伴。不卑不亢，落落大方，才是一个女子最美的气质。

艾莉森•拉佩尔是一名英国女孩，她自从生下来那天起就是残疾的，她没有双臂，双腿也特别短小，只见头部和身躯，看上去太可怕了，这是一种名为“海豹肢症”的先天残疾。出生后几周内，拉佩尔就被母亲送到了“残疾人之家”，一两岁的时候她开始意识到，自己已经被父母抛弃。但拉佩尔没有丧失对自己的信心，丧失对生活的向往，相反这更加激起了她对生命、对美好的渴望。

拉佩尔3岁时就开始学着用自己并不正常的脚摆弄画笔工具，到16岁时，她用脚创作的绘画作品已经能够在当地的绘画竞赛中获奖。17岁时，拉佩尔在一家残疾人评估中心接受各种生活及职业训练，比如骑马、学习艺术，以提高在社会中的适应能力。19岁时，拉佩尔已经有能力独立生活了。之后，她进入布赖顿大学艺术学院学习，她开始了一项新工程：以自己的身体为原型进行艺术创作。通过摄影、绘画，拉佩尔用不同方式展现自己并不完整的身体。

最终，凭借超凡的努力，拉佩尔成为了一名著名画家和摄影家，改变了自己的命运。用她的话说，她的目的就是让整个社会了解："残疾就一定与美丽无缘么？它不可以让人们产生除了'厌恶'、'怜悯'、'同情'之外的感受么？我正在向世界展示：答案是否定的。美存在于一切事物之中。"伦敦市长肯•利文斯顿则这样形容拉佩尔："艾莉森展示给我们的是与命运的抗争。这是一件关于勇气、美丽和抗争的作品，艾莉森是现代社会的女英雄，坚强、可敬、给人带来希望。"

艾莉森•拉佩尔没有双臂，双腿短小，她的身体是残缺的，很明显上帝对她是吝啬的，但她没有因此沮丧，而是平静地接受了自己的残缺，并且对生活充满了热情，最终她成为了一名著名画家和摄影家，改变了自己的命运。她用残缺向世人展示了不残缺的梦想，这是一曲用残缺震撼灵魂的赞歌。

上帝不会把全部都给你，佛家有云："婆娑世界，万事都有缺陷，谁也无法达到圆满。"

或许，前路迷茫，苦难重重，但我们不畏惧，不抱怨，而是奋发进取，不懈追求；或许，我们平凡，我们贫穷，但我们不妄自菲薄，而是真诚地生活、奉献……这就是态度，生活的态度。在那时，人们将看见另外一种美，一种乐观而坚强的美，而你想要的一切不用上帝给予，也会一一兑现。

这，才应当是完美生活，完美人生，完美女子。

第8章 把祖国的悲欢放在心底

林徽因所处的民国是一个特殊的时期，军阀割据，日寇侵华。在这样纷乱的时代里，林徽因一个弱女子，没有像某些名媛一样依附于权贵，更没有为了个人安全弃国离乡，而是把祖国的悲欢放在心底，坚持留在了饱受疮痍的祖国。面对日寇的威胁，她毫无畏惧，拼着生命在事业之路上不知疲倦、无所畏惧地前行着，只为了维护祖国的尊严；新中国建设时期，为了保留中国的古代建筑，她不顾身体多处病痛，四处奔波……人生路上她懂得大义与牺牲，是如此的铿锵、哀艳和笃定，一言一行都显示了中国人的骨气，令人钦佩，这样的女子与其说长得漂亮，倒不如说活得漂亮。

第8章 把祖国的悲欢放在心底

林徽因所处的民国是一个特殊的时期，军阀割据，日寇侵华。在这样纷乱的时代里，林徽因一个弱女子，没有像某些名媛一样依附于权贵，更没有为了个人安全弃国离乡，而是把祖国的悲欢放在心底，坚持留在了饱受疮痍的祖国。面对日寇的威胁，她毫无畏惧，拼着生命在事业之路上不知疲倦、无所畏惧地前行着，只为了维护祖国的尊严；新中国建设时期，为了保留中国的古代建筑，她不顾身体多处病痛，四处奔波……人生路上她懂得大义与牺牲，是如此的铿锵、哀艳和笃定，一言一行都显示了中国人的骨气，令人钦佩，这样的女子与其说长得漂亮，倒不如说活得漂亮。

任你是谁，都逃不过时代的波澜

一个人的命运，不是自己可以作选择的。因为，在这茫茫人海里行走，在这尘世幻海里匍匐，谁也无法逃离时代的波澜，谁也无法躲开世事的作弄。任何人，无论你是男子还是女子，无论你是伟人还是凡人，归根结底都是时代的产物，谁都要承担必需的担当，承担必要的责任。

沧海横流，方显英雄本色；大浪淘沙，才见壮志豪情。

上世纪30年代的中国是一个战火纷飞的年代，生命如同草芥，步伐如履薄冰，战争原本是让普通女子走开的，可是林徽因却一步步走近了它，铿锵地、哀艳地、笃定地，见证了那段血与火的历程。她把自己的所有都交出了危难中的祖国，是那样的慷慨大方，那样的义无反顾。

战争是残忍的，人心是恐惧的。沉重的气息如漫天雾海，笼罩着所有的一切。每一声警笛都是一个灾难，每一次轰炸都有亲人倒下。林徽因看得越多，懂得越多，她的世界再也不仅仅单纯的充满着诗意，充满着淡泊了，诗情画意都被压在心口最洁净的角落，但没有夺走她抗争的心，她骨子里的爱国情怀也是不容置疑的。她明白，在国难当头之际，在战火血腥面前，爱国和救国才是主题。1941年8月写给朋友的信中，林徽因说：“在今天中国的任何地方，没有一个人能够远离战争。我们和它连成了一个不可分割的整体，不管我们是否实际参加打仗。”

事实上，在战争前期，林徽因就是向国民政府提出抗日救亡八项要求的发起人之一；在战争时期，身为知识分子的她被视为“保护对象”，被迫南迁，一路颠簸，重病缠身，但她从未让自己的爱国心休息。她依然继续着研究，研究之余还在鼓励着与同在昆明的空军战士们奋勇杀敌，当得知自己的弟弟在与日寇的空战中为国捐躯的消息时，她很难过，但更多的是骄傲，认为为祖国牺牲是时代的要求，是一件光荣的事情；她为数不多的文学作品里，处处可见充满了关心祖国前途，心系祖国命运的情思。尽管有过悲痛、失望，但她依然坚强，依然乐观，依然相信祖国会胜利；抗日战争胜利后，新中国刚刚建立，百废待兴、百业待举之际，她又毅然投身到祖国的建设中……

在上世纪30年代那样硝烟弥漫、人心惶惶的世道里，大多数中国女子生活在彷徨，焦虑，悲愤等复杂的情绪里，甚至卖国求荣，能够孕育出林徽因这样爱憎分明、一心为国的女子，真是一个奇迹，这正是在沧海横流中显现出来的英雄本色，其英雄本色令人敬佩，榜样力量更是无穷。

也许你会说，爱国就是在外敌入侵、国家危亡之际，可谓“感时思报国，拔剑起蒿莱”、“捐躯赴国难，视死忽如归”，但事实上，爱国，对于任何人来说，从来不是空中楼阁里面的事情，也从来没有一成不变的模式和标准，而是与时俱进的，不同时代对爱国有着不同的诠释和要求。

也许，我们不能像林徽因那样轰轰烈烈重如泰山，如此爱国；也许，我们不能像林徽因那样舍弃花样年华，又永垂不朽。但是，爱国既是一种高尚的境界又是一种平凡的情结，既是一种伟大的浪漫又是一种普通的情怀，它可以体现在方方面面，甚至可以体现在一些微小的地方。

好好学习，好好工作，并且时刻能以一流的精神状态、一流的工作作风、一流的工作业绩来应对一切复杂的考验，让我们的国家越来越强大，高科技越来越多，我们的生活也会越来越好，就再也不会“挨打”了，这，不是爱国吗？事实上，这正是成熟的爱国、理性的爱国、智慧的爱国。

环境是每个人的环境，我们同在一片蓝天下，呼吸着同样的空气，保护环境就是保护我们的家园，就是爱国最好地体现。爱国的一山一水、一草一木，保护每一个野生动物，从节约每一张纸、一度电、一滴水、一粒米开始……如果这些小事都不关心，对祖国破坏得越来越深，那爱国就成了一句空话了。

有人说，爱国就应该支持国货，抵制美国货或日本货。虽然有些偏激，但也不是全无道理。谁也不知道未来会不会有战争，还是少为外国军费出力的好。尽量不买索尼、松下、丰田，尽量不喝肯德基的高价可乐，吃麦当劳的天价汉堡……在当下，作为一名普通的中国女子，不涉足这些领域不会被城市抛弃。

……

任你是谁，都逃不过时代的波澜。心怀一份爱国情，维系深刻的思想，为祖国贡献自己的所有，否则这风乱烟舞的红尘，早晚会将你的意志瓦解，精神消沉，让原本淡泊的不再淡泊，清雅的不再清雅，优美的不再优美，时光的明镜下，映照你不光被年轮摧残的容颜，更是满眼惶恐惨恻。

时代若是大海，你我就是细流；时代若是宇宙，你我就是星辰；脱离了时代的你我，时代依然精彩，你我却无法出彩。心怀一份爱国情，顺应时代要求，等待彼此的融合，人也和谐，物也和谐，于光阴荏苒中看生命的缤纷绚烂，酿造出一片片火红的邑泽，镂刻在时代的轮回里。

假使我必须死在刺刀或炸弹下，我要死在中国的土地上

做人最讲究的是气节与操守，无论是男子还是女子。女子看似柔弱而无自立，但有时娇小的身躯内却按捺不住高贵的灵魂，从容坚贞，铮铮铁骨，气贯长虹，胸襟胜似男子，气度不让须眉，可叹，可赞。

林徽因的出名，不仅在于她长相的倾城倾国，不仅在于她才艺超群，也不仅仅在于她与当时社会名流的情感纠葛，更多的在于她与生俱来几无掩饰的高尚人格。在家国危难时，她倔强地坚守着祖国，像“一种不能移栽的植物”，这是一位学者堂堂正正的气节，是一种几无掩饰的高尚人格。

高山苍苍，流水泱泱，浩然正气，山高水长！

当日本侵华战争全面爆发，中华民族到了生死存亡的紧急关头时，林徽因一家陷入贫病交加的境地。不久，外国友人费正清夫妇发出了前往美国避难的邀请，尽管那里可以重享富足安宁的生活，但林徽因却毅然拒绝了，她说：“我们的祖国正在灾难中，我们不能离开她，假如我们必须死在刺刀和炸弹下，我们要死在祖国的土地上。”；之后，林徽因立刻给正随姑姑们在北戴河度假的女儿写信：“如果日本人要来占北平，我们都愿意打仗，我觉得现在我们做中国人应该要勇敢，什么都不怕，不怕打仗，不怕日本人，要什么都有决心才好。”；为躲避日本人的轰炸，不得不南下逃亡，困居贫穷的李庄时，子女不无忧心地问：“如果日本人打到四川怎么办？”，林徽因特别平静地回答：“门外不就是扬子江吗？”接着，她又

告诉儿女们，一个人可以放弃自己的生命，但是绝对不能丢弃自己的祖国。随着战火烧毁了家园，亲人相继遇难，四处飘落，林徽因心中的爱国情怀再也无法掩饰，她关心时局形势，关心人民疾苦。

在李庄的五年时间里，林徽因一直在身体的病痛和无休止的家务事中挣扎，身心俱疲，多少个艰难的日夜碾压过林徽因的双肩，有时她也会脆弱，会彷徨，可她依然不会放弃自己的祖国，不忘祖国的建筑建设，她仔细地一遍遍地端详这个小村，思考着那些富有南方特征的民居，后来她对前来看望自己的费正清说："中国南方的民居，最充分地体现了中国的人文精神，我有个设想，等身体好起来的时候，要对江南民居作一番详细地考察。"费正清很是感慨，说："林，我已经明白了，你的事业在中国，你的根也在中国。你们这一代知识分子，是一种不能移栽的植物。"

在战火硝烟的年代，林徽因一介柔弱女子没有逃避，没有回避，而是坚定地选择留在祖国，与祖国一起受苦受难，且以"贫贱不能移，富贵不能淫，威武不能屈"的高尚气节，去奋斗、去争取，这彰显了对祖国深沉的爱恋，是一种巾帼不让须眉的骨气，必定享誉青史，流芳百世。

每个女子，前世都是一朵花。我们常说女子如花，如花一般美丽，如花一般婀娜，但这花不该仅满足于花开花落，流光飞舞，而该具备君子一样的修为，如白莲，拥有"出淤泥而不染，濯清涟而不妖，中通外直，不蔓不枝，香远益清，亭亭净植"，世人皆浊我独清、洁身自好傲不屈的气节。

林徽因正如出污泥之白莲，为世间留下了不尽清芳。

作为女子，我们虽不能同林徽因一样生在战火年代，但我们能为如今的社会做出自己的贡献，而决不能因为力量的渺小就放弃付出，

作为女子，我们虽不能同林徽因一般在国难中匍匐前进，但我们能在职场上奋发向上，而不能因为目标的微不足道就原地待命。

作为女子，我们虽不能同林徽因一样留名史册，但我们行的端，坐得正，留下洁白无瑕的形象，而决不能因为前途暗淡就远离正道。

静静的摇曳，不随季节而凋零，不随岁月而彷徨，冰清玉洁，一尘不染。愿你做一个如莲的女子，在如烟红尘中，以莲的姿态，固执地，无言地，守住做人的气节与操守，拥有丈夫的气节和胸襟。质洁是你的本色，矜持是你的模样，蹁跹出的是一抹女人香，香飘四溢，久久弥漫。

“我们研究唐代的木构建筑，难道只有去日本的奈良吗？！”

一个人，不管走过多少地方，心永远是属于祖国的。或许，我们不能用生命来报答祖国，但有一点可以做到，那就是要为了祖国的尊严呐喊，为了祖国的尊严战斗。无论何时何地，一言一行都要显示中国人的骨气。“献出我最热的一滴眼泪，我的信仰，至诚，和爱的力量，永远膜拜，膜拜在你的美的面前！”对于祖国，诗人林徽因如此说，建筑家林徽因也如此做。她是一名坚韧的中华女子，系一脉生生不息的爱国情怀，拼着生命在事业之路上不知疲倦、无所畏惧地前行着，为了祖国的尊严。

唐代建筑艺术是中国建筑发展的一次高峰，在建筑历史研究上有着重大的意义，可是由于年代久远、自然灾害和人为破坏，建筑物的保存极为艰难。上世纪30年代，日本人断言，中国已不存在唐代的木构建筑，中国人要看唐代木构建筑，只能到日本的奈良去。但是，林徽因和梁思成却相信，中国这么大的地方肯定会有唐代的木构建筑存在。在写给好友胡适的一封信中，林徽因曾这样说道：“我们单等测绘详图和报告印出来时吓日本鬼子一下痛快：省得他们目中无人以为中国好欺侮。”这段话，充分表明了林徽因的拳拳爱国心和对事业的挚爱。

为此，林徽因安顿好自己尚且幼小的儿女，便和梁思成踏上了为民族寻找尊严的道路。他们先不在华北进行了广泛的搜索，虽然找到了许多的古迹，但却都不是梦寐以求的“唐构”。如果“唐构”确实存在的话，那也一定是在某个这样它才能逃开人为和天然的恶劣影响的威胁。凭借着这一观点，后来他们又到图书馆去翻阅了很多材料，结果有重大的发现——在法国汉学家伯希和所著的《敦煌石窟图录》一书里有两张唐代壁画的研究，描述了佛教圣地五台山的全景，并标明了每座寺的名字；梁思成又在北平图书馆见到一本《清凉山(山西五台山)志》，里面有佛光寺的记载，他们决定去碰碰运气。

1937年6月，林徽因、梁思成和朋友在险峻的山路上经过几天迂回前进，终于到达佛光寺。他们在黑暗和难耐的秽气中好几个小时地测量、画图和用闪光灯照相，斗拱、梁架、藻井以及雕花的柱础都细看过，到第三天时林徽因在寺梁上注意到有很淡的字迹，经过一番努力辨识，她认出一些隐约的人名，还带有长长的唐朝官职，其中最重要的是最右边的那根梁上，当时依稀可辨的是："佛殿主女弟子宁公遇"；而在外面台阶前的石柱上刻的年代是"唐大中十一年"，相当于公元857年。毫无疑问，这是国内已知的最古老的木结构建筑了，林徽因和梁思成十分欣喜，立即致信太原教育厅，详细陈述了佛光寺的历史价值，建议他们立即制定出一个永久性的保护办法。

林徽因躬下摇晃着的身子吃力地呕血，把一滴滴的泣血流给春泥，把一身的单薄付给风雨，实践证明了中国也有唐代的木构建筑，找到了我们曾经辉煌的证明，使得傲慢的日本人反遭嘲弄，不得不敛容相敬中国。尽管祖国没有给予林徽因赞美，但她已经无愧于"爱国者"这个人称号。

多年来，我们的祖国一直在别人的轻蔑与讥讽中蜿蜒而行，已经历了太多的痛苦与磨炼。每一个中国人都该携手向前，摈弃悲观与无奈，满怀冲天的豪情，高傲的向前，展现我们中国人的尊严！终究，我们的祖国会屹立于世界的巅峰，高昂着华贵的头颅与苍穹低语，傲然俯瞰脚下的列强！

曲小雪，一位留学美国的中国学生，因为家贫，她一边上学，一边到路易斯太太家勤工俭学。虽然她工作勤勤恳恳，却多次受到了令人难以忍受的侮辱，她决定辞工。而老太太的儿子正在竞选议员的银行家爱德华却蛮横地拦住了她，并声称，中国人连他最看不起的黑人都不如。事关中国人的尊严，曲小雪不卑不亢地声言：“请不要侮辱我们中国人”，谁知却遭到了爱德华母子的毒打，致使遍体鳞伤，而且还反遭诬陷，被带到了警察局。黑白颠倒，是非不分，尤其涉及中国人的尊严，曲小雪无法忍受，她拖着伤痛的身子，开始了留学生史上从未有过的诉讼，开始了在美国也极少的诉讼。

经过漫长的四年时间，忍受着病痛的折磨，法庭内外的巨大压力以及种种困难，曲小雪在美国的法庭上取得了最后的胜利——银行家当众向她道歉，并赔付她 5 2 5 0 美元的精神损失费。曲小雪接过支票，向全场抖了抖，义正词严地说：“刚才被告不得不向我公开道歉之后，他们又非常及时地在法庭上给我这张支票，他们这样做是想造成一种印象：这个中国人之所以旷日持久地坚持打这场官司，无非就是为了这张支票，让人觉得钱才是打这场官司的目的，也只有钱才能为这场官司画上句号。可你们错了！至少我这个中国人，当然，还有许许多多的中国人都绝不会在你们的美元面前低下自己高贵的人头！我打这场官司，是为了讨回我做人的尊严！尊严！美元，在我的尊严面前一分不值。见鬼去吧！”曲小雪说完将支票一点一点地撕碎，抛向法庭的上空。

一个身无分文、势单力薄的女留学生，因为得不到人格的尊重，遭到了非人的待遇，连续 4 年状告一个拥有巨大的财富和势力，并且正在竞选议员的美国银行家，直至取得了最后的胜利——在这里，曲小雪讨回的不仅是个人的尊严，还有一个拥有13亿人口，拥有五千年文明的伟大民族的尊严！

尊严使力量不再微小，尊严让美丽成为永恒。

一个人和一个国家一样，要想人家高看自己，自己就要做得好，维护个人尊严。

生活中，你是否受到过不公平的待遇？是否受到过轻视和冷落？那么当这些出现在命运的咽喉处，该如何对待呢？脆弱的女子，只会徒劳地愤愤不平，喋喋不休地牢骚。而聪明的女子，却会将它化成一股奋进的动力，鞭策磨砺自己，努力、努力、再努力，证明自己，赢得尊严。

预支将来的年光，在所不惜

世界上美丽的东西千千万万，却没有一样比年轻更为美丽；世界上珍贵的东西数也数不清，却没有一样比青春更为宝贵。不过，有一种情感却可以令女子勇敢，任凭岁月平淡了流年，任凭时光抹去了年华，并甘愿为此赴汤蹈火，在所不辞。这种情感，是一种强烈的爱国主义情怀。

林徽因喜欢烟火人间，也深爱着祖国，为此她不惜预支了将来的年光，于无声处，展现生命的蓬勃，勾勒人性的高洁。虽穷尽一生的灵魂，终不悔，只为在岁月流转中留下永恒的痕迹，只为在有生之年演奏一曲绚烂的挽歌。

1949年北平解放了，45岁的林徽因被聘为清华大学建筑系一级教授，对于林徽因来说她的事业如日当空，但不幸的是她的身体状况越来越不好了。不久，政协筹委会决定把国徽设计任务交给清华大学和中央美院，清华小组由林徽因、李宗津、朱畅中等人参加设计工作。对于林徽因来说，这一生虽获得无数荣耀，但设计国徽则是其他任何物事都无法取代的尊荣。所以，好强的她坚持带病钻研国徽设计，每日废寝忘食，极度消耗体力。历经三个多月的努力，国徽图案终于完成并中选，这令林徽因感到莫大的喜悦，如此成果，也给她本就灿烂的人生再添一抹华彩。

1952年，梁思成和刘开渠主持设计人民英雄纪念碑，林徽因被任命为人民英雄纪念碑建筑委员会委员，身边许多亲人都劝她歇息一段时日，找个清净之地养病，可固执的林徽因依旧抱病参加设计工作。从总平面规划到装饰图案纹样，她选出许多资料，反复研究，逐一分析，详细讲解。对于图样，她一张一张认真推敲，每绘一个图样都要逐级放大，从小比例尺全图直到大样，并在每个图上绘出人形，保证正确的尺度。在全心投入工作的时候，她完全忘记了自己是一个病人。与此同时，她和梁思成翻译了《苏联卫国战争被毁地区之重建》一书，她还在极短的时间里撰写了《中山堂》、《北海公园》、《天坛》、《颐和园》、《雍和宫》、《故宫》等一组介绍我国古建筑的文章，为国家的建设提供了有利借鉴，如此的成果让人叹服到无言。

不久，一直被林徽因苦苦压制的病情终于在1954年晚秋爆发了，她因病情恶化住进了同仁医院。这个看似柔弱的女子，却有着比任何人都要好强的心。在她卧病在床之时，她都不肯有丝毫的屈服，手中那支笔从未停止过耕耘，她依旧创作了许多诗歌，并且为古建筑写下许多重要的学术报告与书籍。此时的她尽管走得辛苦，却像一朵绚烂的晚云，在落日的河岸绽放出琉璃的光彩。

这些年，林徽因一直在用坚强抵抗病痛，为的是可以完美地完成祖国赋予给她的使命。在她看来，对祖国任何的放弃都是背叛，都是辜负。骄傲如她，不允许人生有太多的残缺，她要的是无悔，是完美。也只有这样炽热的爱国情怀，才能够让一个柔情似水的女子，敢于与时间对抗。

这就是林徽因，像繁花一样在枝头绽放，为祖国迟迟不肯凋谢，大义与牺牲，铿锵、哀艳、笃定，令人钦佩。又或许，她根本根本就没有凋谢的时候，因为这种爱国情怀使她清雅，高贵——那是兰草的品质，久久在山谷中，舒展着一片肃穆庄严，纵算秋叶飘零，它也永远不会凋谢。

喜欢这样的态度，全力以赴的努力工作，在岗位上尽职尽责，为祖国谋福利，为人民谋福利，不畏艰难去不断进取。这样的女子就算不是天生丽质，也有一种自信从容的美丽；这样的女子就算年老体衰，也有一种无悔此生的满足。

时光无情，奉献有价。让我们趁着青春年少，紧紧抓住每一秒的时光，为祖国奉献自己的一切，在奉献中体现无限的价值，在给予中闪现绚丽的光彩！让青春烈火燃烧永恒，让生命闪电划过天边，用所有热情换回时间，让年轻的梦没有终点！让青春无悔，让生命怒放，和时光对抗。

把这一切融进了生命

有一个美丽的传说：自盘古开天辟地之后，神女女娲看见人们日出而作，日落而息，生活得很苦、很累，便采天籁之音，集自然之色，使人们振奋精神，心情舒畅。就这样，艺术成了人类生活不可或缺的一部分。

艺术是没有国界的，每一个狂爱它的人早已把这一切融进了生命，变成了自己的血，自己的灵魂。但艺术家是有国籍的，一个热爱祖国的艺术家，他首先一定要为自己的祖国和祖国人民服务，再为世界各国和世界人民服务。

林徽因就是这样一位艺术家，一位具有社会责任感和民族正气的艺术家。在那个硝烟弥漫的年代，她不仅坚持留在祖国与祖国共患难同风雨，为祖国的建筑事业鞠躬尽瘁，还将自己的爱国情怀表现在了对文物的保护上，并且一直坚持艺术为生活服务、为社会服务、为人民大众服务的思想。

景泰蓝多年来是皇族独享的御用品，是具有民族特色的手工艺品，也是中华民族的骄傲，然而自清末开始，由于皇族的没落，景泰蓝的市场越来越小了，从事景泰蓝生产的工人只剩几十人，优秀传统工艺处于奄奄一息的境地。一次，新中国要参加亚太地区和平会议，政府令林徽因负责给各国代表准备具有中国特色的和平礼物。林徽因将目标之一选定为景泰蓝，并对景泰蓝这一逐步萎缩的行业给予了关注。之后，她和梁思成商议后，在清华大学营建系(今建筑学院)成立了一个美术组，她想借这次制作和平礼物的机会,抢救这一濒于灭绝的中国独有的手工艺品。

当时,林徽因的肺已布满了空洞,肾也切除了一侧,结核菌已从肺转移到肾、肠。她一天吃不了二两饭,睡眠不到四五个小时,但却在梁思成陪同下,带着她的助手莫宗江、常沙娜等人,多次跑到作坊里去了解景泰蓝的生产工艺及材料特点,观看工人的操作过程,她对每个工序都有兴趣,经常要动手试一试,掐丝、点蓝、烧蓝……景泰蓝的图案长期不外乎牡丹、荷花、如意等,这些图案虽说好看又吉祥,可也未免过于单调,林徽因发动大家为景泰蓝设计新的图案,要求每人画若干幅。这时林徽因已病得不能动笔,她的创作构想就由莫宗江来完成,他们一起设计绘制了一批新的图案,如祥云火珠、敦煌飞天。景泰蓝厂的老师傅见林徽因病成这个样子,不忍心让她拖着病体一趟趟往厂里跑,他们就主动到林徽因家里切磋。这样,一批又一批新产品试制出来了。当和平礼物得到各国代表的称赞时,林徽因高兴得像个孩子。

1955年春,林徽因因病入住同仁医院,当时她已并入膏肓,呼吸变得困难,鼻子上插着氧气管才可以呼吸,可她依然惦记着景泰蓝的发展。听到美术组的一名学生、后来成为景泰蓝设计专家的钱美华近来关于手工艺品特别是景泰蓝的设计介绍后,她脸上泛出愉快的神情,并且郑重地嘱咐道:“景泰蓝是国宝,不要在新中国失传。”这是师徒最后一次见面,钱美华后来回忆说,“老师每吐出一个字,鼻子上的氧气管就跟着颤动,可字字都真切。那一句话,决定了我一生的追求。”

林徽因虽然不是中国景泰蓝工艺美术大师,但她却是最为合格的中国景泰蓝的一代尊师、是景泰蓝文化的杰出先驱者。在这里,我们不能忘记,林徽因那“慑人的美貌”、“完整的美感”所捧伴的那种常人少有的以命相搏,为挽救景泰蓝这一“国宝”而献出最后心血的这颗“心”。

林徽因热爱祖国的艺术，把这一切融进了生命，正是这种爱，让她的人生富有了诗意，赢得了“一身诗意千寻瀑”的赞誉。林徽因的人生启示我们，使生活成为艺术，艺术成为生活，也就达到了生活就是艺术，艺术就是生活的境界，这是一种诗意的栖息，也是一种优雅的选择。

身为女子，本就该尽量活得诗意些，少些物质和名利的追求，怀着一颗大爱的、审美的心灵去欣赏祖国的艺术，享受当前的生活，为音乐悲喜欢喜，为读书养心欢喜，为绘画静思欢喜……让自己更沉浸于祖国情、生活情的喜悦感受中，让自己的生命更加有格调、精彩和丰富。

热爱艺术不是做给别人看的，不是附庸风雅，也不是拿来作秀，而是与生命息息相关的。伟大的艺术家都是用生命刻画艺术，也是讲究国籍的，他们热情，他们执著，他们通过艺术表现心底的呼唤，也通过艺术彰显祖国的魅力。这些思想是可以传递的，热情也是可以感染的，是一种心灵的接力。

有些女子可能会认为，艺术是可有可无的，爱国是可有可无的，等有了钱一切都不是问题，但缺乏一颗爱国的心，就算以后挣了很多钱，就算接触了艺术，你也不见得就懂得高贵的艺术，也不见得就能创造伟大的生活。要知道，富有和艺术是两码事，和爱国也绝对是两码事。

笑笑是一个不被重视的小画家，她没有多少资金，没有好的画室，也没有好的工作，不过周围的人总是说：“笑笑，你精力真旺，精神真好。”、“笑笑，你过得真幸福，真羡慕你。”说实话，笑笑也对自己的生活很满意，不过她知道自己的幸福源自对祖国的热爱，对艺术的热爱，来自于很简单的一份喜欢。

笑笑的绘画作品，内容多是以大自然为主题。读书时是穷学生，没有钱，笑笑就拼命学习拿奖学金，平时省吃俭用，有了钱她就去祖国各地旅游，不仅有巍峨的长城、雄秀的武夷风光，还有黄山神奇的云海、江南秀美的水乡，这扩宽了她的视野，增长了她的见识，竟如火山爆发般地激情于宣纸和彩墨，毕业后她更是走遍祖国大江南北，最终她被称为爱国主义的画家。对此，笑笑解释说："身为艺术家，应给祖国一份贡献，这样才有意义。祖国的山河壮丽，我想让更多的人了解它，喜欢它。"另外，在途中，笑笑还收藏了许多带有民俗特色的工艺品，比如维吾尔族的花帽、藏族的牛骨饰品、海南绚丽的筒裙，这些让她陶冶性情，修身养性，她工作的灵感一次次迸发，绘画渐入佳境，多次得到了老板的表扬，赢得了众人的赞美。

通过绘画把这些丑陋的树洞变美的想法。

这就是艺术之于生活的魅力，你值得拥有。

在阳光温暖的午后手捧咖啡，欣赏一些国粹艺术，感受来自于艺术的魅力与震撼，激荡起心中的爱国之情，这，何尝不是一种人生乐趣呢？更何况，欣赏过世界名作的眼睛，聆听过古典音乐的耳朵，吟诵过唐诗宋词的嘴巴，所表现出来的优雅和高贵，是任何化妆品也修饰不出来的！

第9章 任你风起云涌，我只领取而今现在

世人都说女子是不知道的满足的，尤其是漂亮的女子，但是林徽因恰恰是一个美丽却又知足的女子。知足的女子，往往能以端正的心态，笑看花开叶落，风起云涌；知足的女子，往往更懂得赞美和感恩，往往更能自信地面对社会，快乐的面对生活；知足的女子，更懂得生活，也更懂得抵御来自外界的诱惑和危险。成熟稳重的林徽因，已经见识过了太多的风云变幻。但是无论外界环境怎样改变，她的脸上始终洋溢的灿烂的微笑，她的淡定与从容让人钦佩，这是女性智慧的终极表现。

第9章 任你风起云涌，我只领取而今现在

世人都说女子是不知道的满足的，尤其是漂亮的女子，但是林徽因恰恰是一个美丽却又知足的女子。知足的女子，往往能以端正的心态，笑看花开叶落，风起云涌；知足的女子，往往更懂得赞美和感恩，往往更能自信地面对社会，快乐的面对生活；知足的女子，更懂得生活，也更懂得抵御来自外界的诱惑和危险。成熟稳重的林徽因，已经见识过了太多的风云变幻。但是无论外界环境怎样改变，她的脸上始终洋溢的灿烂的微笑，她的淡定与从容让人钦佩，这是女性智慧的终极表现。

心此刻同沙漠一样平

生命是一趟旅程，每个人都在途中，有时生命若水，石过处，惊涛拍岸；有时生命似梦，回首时，梦过嫣然。哭过了，笑过了，痛过了，爱过了，悠悠徘徊在时光的流影里，将所有的喜怒哀乐妥善收藏，才发现，这世界来源于寂静，也终将归于寂静，水淡随烟，梦逐清风，一切已从容。

这一看似浅显的道理，许多人非要亲历过才能深悟。林徽因在经历繁华消歇，尝过聚散无常，看遍风雨河山之后，心境发生改变，性格也变得

如暖玉生烟，水深川静……任何的郁闷不复是郁闷，再也没有事能够让她怄气，她也能够谈笑间面对所有危难……总之，心里是一片清静。

一场漫长的战争让整个中国都被灼伤，而那些被烟熏火燎过的人都需要好好地疗伤，林徽因更该如此。1947年的夏天，是让林徽因难以忘怀的，萧乾由上海来清华园探望她。因为年岁的增长，彼此阅历深厚，所以他们费了很久的时间做了一次深刻的言谈，各自诉说七年来的风云世事，春秋转换，彼此容颜微改。七年，莫说是两位情感丰富的著名作家，就算是一个平凡的人，也必定有众多的感慨。

不过，林徽因不是徜徉在往事里独自惆怅的女子，她也曾和至爱的人生离死别过，也曾落下一身难支的病骨，也曾奔忙于滚滚的红尘陌上，可经历过这些之后，她明白了，一切的纠结与忧愁是那么的肤浅，于是她拂去了内心的狂躁，让心此刻同沙漠一样平，远离了尘世的喧嚣，安然地感知这陌生而又熟悉的世界。于是，过往的千灾万难到如今都成了回忆，成为茶余饭后闲聊的话题。

回顾自己的一生时，林徽因的内心是平静的，再没有了消极悲观的愁肠，她说："人生，人生，你是一支曲子，我是歌唱的；你是河流，我是条船，一片小白帆。我是个旅行者的时候，你，田野，山林，峰峦。无论怎样，颠倒密切中牵连着，你和我，我用从你中间经过；我生存，你是我生存的河道，理由同力量，你的存在，则是我胸前心跳里，五色的绚彩，由我们彼此交错，并未彼此留难……"

一念起，万水千山；一念灭，沧海桑田。

心灵原本是一片净土，一尘不染，与世无争。可在喧闹的环境中待得久了，就很容易被世俗杂音污染，失去原有的宁静。一颗躁动的心，无论幽居于深山，还是隐没在古刹，都无法安静下来，充满了矛盾与忧愁。正如一棵树，红尘中极细的风，物质世界极小的雨，都会引起一树枝柯的宕动、迷乱，不论这棵树是置身在庭院，还是独立于荒野。唯有平复躁动的心，不做招摇的枝柯，而是让它成为静默的根系，深藏在地下，才不为尘世的一切所迷惑，才不会为生活所累。

那些繁华锦瑟，那些痛苦彷徨，那些心的呢喃，那些黯然神伤……身处繁华喧扰中的女子，一定要照顾好自己的内心。时光如水，总是无言。心若安好，便是晴天。用淡定的心看待世事，便能够笑看花开花谢、云起云落，即便面对沧桑，也能够有一份云水悠悠的心情，蜿蜒生命的冷暖。

一位虔诚的女子，每日都在自家的花园里采撷鲜花，拿到寺院里供奉。

某日，当她正把花送到佛殿上时，碰巧遇到了老禅师。老禅师见此，欣喜地说道："施主每天都如此虔诚地以花供佛，来世定能得到庄严相貌的福报。"

女子听后喜出望外，连忙说道："这是应该的。我每天到寺里拜佛，觉得心灵就像洗涤过一般清凉。可一离开这里，心里就烦乱。我是一个家庭主妇，每天生活在喧嚣的城市里，如何能够保持一颗清净之心呢？"

老禅师笑了笑，反问女子："你以花献佛，想必对花草总有些常识。那么我问你，你家里的花是如何保持新鲜的？"

女子一本正经地答："这个很简单，每天要换水，换水时把死梗剪掉一截。因为花梗在水里容易腐烂，若是不剪掉，水分就难以吸收，花很快就凋谢了。"

老禅师道："保持一颗清静之心，道理也如此。生活的环境就像是瓶子里的水，我们就是花，只有不断地净化身心，变化气质，不断地忏悔、检讨、改过，才能够不断吸收大自然的食粮。"

女子点点头，感激地说："谢谢禅师的开示。希望以后有机会能够拜访您，过一段寺院中禅者的生活，每日享受晨钟暮鼓，在菩提梵唱中感受安宁。"

老禅师笑道："呼吸便是梵唱，脉搏跳动就是钟鼓，身体就是庙宇，两耳就是菩提。人生何处不静宁？何必等机会到寺院里生活呢！"

并非外界的纷扰搅乱了心，心不安宁才是无法淡定的根本。热闹场中也可以作到场，只要自己愿意丢下妄缘，抛开内心的杂念；如果不能摒弃妄念，永远也找不到清静之地，就算身处深山古寺，一样无法修行，因为心不静。就像六祖慧能所说得一句话那样："不是风动、不是幡动，仁者心动。"

消除生活乃至生命的苦恼，并不在苦恼的本身，而在于有一颗安宁的心。世间的女人呵，沧桑世事的墨迹染上纯白的生活，纷扰红尘挟裹着爱恨情愁，岁月的刻刀错乱了容颜，学着把那些风起云涌放在心外吧，苦辣酸甜便会悄然滋生出妖娆的花朵来，绕指留香，美景叠生，留下一段淡然却精致的记忆。

浮生恍如梦，剪一段过往，盈一抹淡然，携一片祥和，拥一份诗意，随岁月悠悠，纵流光回转，淡淡微笑，深深感悟。无论走过多少坎坷，心同沙漠一样平，淡了繁华，淡了沧桑，

静静地，盛开在韶光最美的日子里。

生命中，有一种恬淡叫"不悲不喜"，有一种祝福叫"心若安好，便是晴天"。

这世界需要你

这个世界，很大，我们却很小。有时我们会感到自己宛如一粒微尘，静静地飘荡在尘世之中，走过春夏秋冬，走过风云雨雪，简单而又平凡，日出到迟暮，月月复年年。心念一旦低迷，我们又会蕴出几多千愁万绪，瞻顾起此生过往的种种，也迷惘未来的种种，空悲人生的苍凉和无奈。

其实，大可不必。浩瀚的夜空中，一颗星星微乎其微，没有人注意你或在意你，可这孤寂的夜空需要你灯光般的闪亮；一束野花在广垠的田野里开放，没有人看到你或欣赏你，可这世界需要你生命的流淌、绽放和芬芳。

再弱小的生命，谁都没有剥夺它生命和生长的权利。

再弱小的生命，这世界同样需要你。

林徽因住进同仁医院时，因为病情已经很严重，她需要真正的静养，再不会有从前那样被人围绕的热闹生活了。此时正值深秋，碧云苍郁，黄叶飘离，霜冷长风。许久没有这样看时光缓慢地流淌，没有像现在这样看阳光下所有生物细微的成长与老去，没有这样闻着凉风的味道，作为一名敏感的诗者，林徽因感到一阵悲凉从心上跑过。而且，她还在镜前看到自己两鬓的几根白发，意识到了，那个身着白裙的清纯少女真的老了，已经没有多少力气为事业、为社会做出贡献了。

不过，看惯了草木的荣枯、秋月的圆缺，人生之无常，林徽因比任何人都明白，就算自己已经变成了一个平平凡凡的“老女子”，许是会有浅淡的惆怅，淡淡的叹息，但终究不会有多少的苍凉，因为自己仍有生活的价值和意义。正如她在一首名为《静坐》的诗中所说：“冬有冬的来意，寒冷像花，——花有花香，冬有回忆一把。一条枯枝影，青烟色的瘦细，在午后的窗前拖过一笔画；寒里日光淡了，渐斜……就是那样地，像待客人说话，我在静沉中默啜着茶。"

一生平淡无奇的平凡者，仅仅是简单，辉煌过后的平凡才可称不简单。

林徽因真是了不起的女子，她一生高贵地活在众人的仰目之中，当忽然意识到自己的渺小和平凡时，她没有顾影自怜的悲伤，没有"独怆然而涕下"的无奈，而是及时地调整内心状态，在平凡的世界里，安然地过起了平凡的生活，如莲花一般静好绽放，有着淡定的率真和美丽。

世事纷繁，芸芸众生，我们大多数人都走不出平凡，如小星之于浩瀚的夜空，如野花之于广垠的田野……这时，何不学着享受这种平淡的日子，在平淡中弹拨出亘古不变的幸福曲调，演绎出生命的从容和本真呢？繁华落尽是平淡，喧嚣之后是安详，平平淡淡是一种莫大的幸福。

一日，夏丏尊来拜访弘一大师。当时，弘一大师正在吃午饭。午餐很简单，一碗白米饭，一碟咸萝卜干。看着这样的饭菜，又联想到大师出家前的锦衣玉食，夏丏尊不免有点心酸。他问大师："您不嫌这菜太咸吗？"

弘一大师说："咸有咸的味道。"

米饭吃完后，弘一大师向碗里倒了些白水，刷了刷碗底的几粒米，一同喝下。要知道，大师出家前，饭都有香茗一盏，今昔与往日一对比，夏丏尊更觉难受。他问大师："这么淡喝得下吗？"

弘一大师淡淡一笑，说："淡有淡的味道。"

咸有咸的味道，淡有淡的味道，这是一句多么淡定的禅语！心态平和的女子，深知咸淡各有味，不争、不躁、不悲、不怨，任由世事变幻，始终保持一颗安然自得的心。她们有气度地看淡功名追求，一心做好自己，那种优雅、从容和淡定，着实是一种简单、大气、深邃的美。

刚进入公司时，她是个不起眼的小人物，姿色和能力都很一般。她本本分分地做自己的事，身边的同事若遇到了麻烦，她也会默默地帮一把，只是言语上从不张扬。办公室里的女同事很多，聚在一起时免不了说些东家长西家短的“闲话”，每逢这时她都只是闲来无事时“旁听”，从不多说什么。因为这份平和的心境，“讲究”的女同事们对她多了一份好感，也很少拿她“开涮”。

后来，公司要从内部选一名女助理，且三个月后可以到国外的总部考察。对于这个好机会，公司上下的女同事们跃跃欲试，尤其是那些漂亮的，更是用尽浑身解数要在竞选中胜出。看着别人私下为了拉票百般讨好周围的人，她仍然和往常一样，该做什么还做什么。别人求她支持自己，她总是莞尔一笑，不答应也不拒绝。她那种淡淡的态度，加之平日里那不张扬的行为，没有人拿她当竞争对手，她也避免了不少矛盾。最后，令所有人意外的是，她获得了助理的职位。

这个结果，她也没有想到，但既然已经中选，她便开始安心地做起来了这份新工作。迎接她的，难免有一些闲言碎语，说她这么不起眼的人能够脱颖而出，肯定背后用了什么手段。她不理会那些闲话，安心地做着自己该做的事，她还是过去那般亲和，不摆架子，平和地与下属相处，穿着打扮依旧简单大方，好像一切都没有变。她的淡定和沉稳，让那些对她颇有微词的人感到意外。几个月后，她用工作能力证实了自己，那些关于她的流言飞语没有了。

佛曰：一花一世界，一沙一天堂，意为从一朵花中，可以见到一个广阔世界；从一粒沙里，可以看到一个美丽天堂。参透这些，一花一草便是整个世界，而整个世界也便空如花草。万物平等，即便是野花和沙粒，也自有它的欢喜和希冀，何况人人平等，人人拥有自己平凡之处的我们。

生命没有高低贵贱。

一个懂得欣赏的女人，必定是幸福的。无论她走得多远，走得多累，她的内心始终安之若素，处在安逸之中。因为，她懂得用真善美看待世界，懂得用心去抓牢眼前的幸福。幸福是无价的，即使再多的金钱也没不来那种感觉。想要拥有幸福，那么就需要有欣赏和珍惜的心。

黄美廉，她是我国著名的女画家。出生在台南，父亲是一位牧师。在她出生的时候，由于医生的疏忽，造成了她脑部圣经严重受伤，以至于整个脸和四肢肌肉都失去了正常的作用。当时，黄美廉的父母抱着幼小的她四处寻医，结果都让人失望。

黄美廉六岁的时候，她还不能说话，嘴巴还向一边扭曲，口水直流。黄美廉的妈妈听说有些患者到二三十岁仍然会在地上爬，一颗心满是绝望，常常萌生出掐死女儿，然后自己自杀的念头。

奇妙的是，黄美廉知道自己爸妈的用心，渐渐地，她的四肢有了力量，她会学者自己吃饭，学者站立，虽然总是一瘸一拐的，但是总算是迈出了人生的第一步。童年时期，黄美廉没有像别的孩子一样，自由自在地玩耍、奔跑，有的时候还会接受到异样的目光，有些小孩子会嘲笑她，用石子丢她，仿佛看见自己哭，别的小孩就会开心。在这些坎坷的成长过程中，父母亲的爱扶持、和来自她不抱怨，带她渡过生命中每一个难关，这些都是她深觉感恩的，她觉得自己是幸福的。

最后，黄美廉终于获得了加州大学艺术博士学位。在一次演讲中，黄美廉用自己的手当画笔，用色彩告诉人们“寰宇之力与美”，并且灿烂地活出“生命的色彩”。

全场的学生都被她不能控制自如的肢体动作震慑住了，有人评价：

"这是一场倾倒生命、与生命相遇的演讲会。"有学生小声地问:"黄博士,你从小就长成这个样子,你是怎么看待自己的,没有抱怨过吗?"学生心中很紧张,说过后就后悔了,他怎么能在众目睽睽之下问这样刺激人的问题。学生们小心观察黄美廉的神色。

"我怎么看自己?"黄美廉用粉笔在黑板上重重地写下这几个字。她的脸色没有一场,她对着学生们嫣然一下。接着在黑板上写起来:一、我好可爱;二、我的腿很长很美;三、爸爸妈妈这么爱我;四、上帝这么爱我;五、我会画画,我会写稿;六、我有只可爱的猫;七、还有……;八、……

粉笔一直在在"吱吱"地冻着,同学们鸦雀无声,最后,黄美廉在黑板上写下了结婚,她说:"我只看我所有的,不看我所没有的。"

刚写完,学生们的掌声立刻响起,黄美廉倾斜着身子站在台上,满足的笑容从她的嘴角荡漾开来,一种永远也不被击败的傲然写在她脸上。

从黄美廉的例子中,我们看到,她是一个懂得感恩的人,懂得用欣赏的心去看待周围的人和事,用珍惜来保管自己的幸福。其实,很多女人和黄美廉比起来,幸福的实在太多了。我们有个健康的身体,有一份衣食无忧的工作,有一个完整的家庭等等,知道去感恩,就会发现上帝是眷恋自己的。

所以,当你看到那些春风得意、受人瞩目的女子时,请不要自卑自弃!尽管你平凡无华、默默无闻,但世界上没有第二个你,你是一种独特的存在!万物都有他存在的价值,你的价值是无法估计的。这世界需要你,需要你的点缀与描绘;这世界需要你,需要你尽自己的一份力。

任花草飘香,任岁月行走,惟愿在时光里,相守平凡,安然优雅。

划上一个句号，从此无忧

人生悠悠、岁月匆匆，往事如缕如烟。我们总是这样说，希望一些过去终究会过去，渐行渐远，灰飞烟灭，飘散得无影无踪。可往事并不如烟，因为大多数人将经历变成了回忆，总在提醒自己曾经发生过什么，进而在滚滚红尘里不停演绎了太多刻骨铭心的悲欢离合、爱恨情仇……

回忆无罪，但人得知道这个事情什么时候是个了断，什么时候该结束了，该翻开新的一页了。过去的就过去了，绝不纠缠，不能没完没了。有的女子，事情已经结束，自己却还不甘心，于是“才下眉头，又上心头”，成了一种折磨，让自己无法喘息，任由绳索紧勒的伤口流出血。

一次酒会上，她认识了一个聊得很投机的男人。那天晚上，他们都喝醉了酒，因为一时冲动没有把握好自己，有了一夜情。之后，他们有过几次联系，但没有见面。再后来，男人便消失在人海了。一直以来，洁身自好的她从未在感情上玩过火，她痛恨自己的意志不坚定，痛恨那个回忆起来都觉得难堪的“耻辱之夜”。她自责，懊悔，对自己的失贞念念不忘。这件事，让她后来的婚姻旅途十分不幸。她不能原谅自己，不能释怀那次错误，更不能接受别人。到了40岁的时候，她依然是孤零零的一个人。

旧情怀，消不尽，几时休？

这一生，林徽因遇见过许多人，有刻骨铭心的，也有转身即忘的；有妙不可言的善缘，也有苦不堪言的孽缘。但在她离开之前，浅淡与深邃，悲伤与欢喜，她都要如数归还。就算再念念不忘也无边风月，就算再耿耿于怀也无补于事，这是人世间的规则之一，或许我们都应该遵从。

1947年，林徽因因为肺结核动了一次手术，身体十分虚弱，她托人传信要见徐志摩的前妻张幼仪见一面。林徽因要见张幼仪，是因为她对于徐志摩始终并未释怀，她也始终不忘少女时所犯下的那个错误。尽管徐志摩从没有爱过张幼仪，但如果不是她的出现，他不会那么决绝转身，所以她想在离开人世之前，看看她为之抱愧的那个女子和徐志摩的孩子，她要亲口对张幼仪说一声“抱歉”。自己到底有没有伤害过她？假如有，张女士会来见自己吗？很复杂的一种情绪……

见面的时候，林徽因躺在病床上，虚弱到不能说话，依然仔细地打量着眼前的女子，后来张幼仪在自传中说道，“做啥林徽因要见我？要我带着阿欢和孙辈去，她虚弱得不能说话，只看着我们，头摆来摆去，好像打量我，我不晓得她想看什么，大概是我不好看，也绷着脸——，我想她此刻要见我一面，是因为她爱徐志摩，也想看一样他的孩子，她即使嫁给了梁思成，也一直爱徐志摩。”

张幼仪走后，林徽因不想再见谁，结束了，那些过去，她要好好地过完余下的岁月。

张幼仪对林徽因其实没有敌意，她虽不及林徽因的才情及修养，但她亦知道情感之事不能强求。更何况当年放弃徐志摩并非林徽因的错，她只是选择自己想要走的路。一个只有16岁的少女，无需为一段朦胧的初恋“埋单”。就算张幼仪对林徽因当年有些许的怪怨，此时也该冰释前嫌。对于一个行将辞世的人，有什么不可原谅？

想必林徽因也知道这一点吧，所以见过张幼仪之后，她平静了许多，淡然了许多，而后她只愿看风执落叶之手，听雨弹流水之音。过去的已经过去了，时光不可能倒流，不必再耿耿于怀，收拾好心情继续前行，过好现在的日子，这是一种归于平静的释然，是一种深厚的心灵底蕴。

仓央嘉措写过这样一段诗："一个人需要隐藏多少的心事，才能巧妙地度过一生，在这佛光闪闪的高原，三两步便是天堂，却又有那么多人，因心事过重，而走不动。"美丽的女子啊，放下那些腐蚀心灵的人与事吧！让曾经的痛苦、曾经的缺失、曾经的遗憾都随风而去，一边走，一边释怀。

什么事情都必须有一个结局，人们也都希望人生是一个圆满的结局，所以句号是一个圆圆的圈。浅浅一笑，为一段往事画上句号，也算是了却了一个心愿，让旧日里的流年散场。丢弃那些迷离，燃烧莫名的愁。推开心窗，映射一抹光华。让时间覆盖年华，从此无忧，一路好走……

看山，看水，看红尘

看山是山，看水是水；看山不是山，看水不是水；看山还是山，看水还是水。

这段充满禅机的话，阐释了人生的三重境界：涉世之初，我们多是纯洁无瑕的，看山是山，看水是水；随着年龄渐长，经历的世事渐多，人变得忧虑、多疑、警惕、复杂，看山也感慨，看水也叹息；人生的经历积累到一定程度，对世事有了一个清晰的认识，这时候就看山又是山，看水又是水了。

俗世间的大多数女子停留在第二重境界，多疑、警惕、复杂，随之而来的是迷惑、彷徨、痛苦与挣扎，心被禁锢，不得自由。幸好，有一些女子通过自己的修炼，最终把自己提升到了第三重人生境界，在一笑之间解读人生百态，包容世间冷暖，一颗平和的心重又回到生命的最初。

1947年夏，内战越演越烈，林徽因的病情也加重了，医生建议她手术摘除被结核病菌感染的一侧肾。手术前，许多人来看望她，金岳霖、沈从文、陈明达……他们宽慰着徽因，嘱咐着徽因，但又都揪着心：林徽因的体质那么弱，她能承受这样的大手术吗？林徽因也有这样的忧虑，但却又十分坦然，她像平日一样和朋友们开着玩笑，关切地问询着各种事情，她还用轻松的口吻劝慰众人："别紧张，我是来这里做一次大修。只是把各处的零件补一补，用我们建筑业的行话来说，就是堵住几处屋漏或者安上几扇纱窗……如果结核现在还不合作，它早晚是应该合作的，这就是事物的本来逻辑。"这些幽默的话语，一下子活跃了气氛，使大家沉重的心情变得轻松。

一个人年老或疲惫的时候，会很容易念旧，林徽因一个人躺在病床上时，开始有点想念徐志摩了。在香山幽居时，陪伴最多的就是这个男子了。如果说梁思成是和她一起吞噬烟火的人，那么徐志摩就是那个可以陪她筑梦的男子。徐志摩的离去始终是自己心中的一道暗伤，尽管林徽因深知这一点，但她再回忆起他时，没有哀怨，没有浮躁，而是一份恬淡，一份平和。她说："记忆的梗上，谁没有，两三朵娉婷，披着情绪的花，无名的展开。"写得真好，是啊，不是所有的记忆都是花开，也有晦涩与凋残。既是省略不去的过程，那就坦然面对，报之一笑吧。

当走遍万水千山，历经岁月洗礼，在沉浮中洗尽铅华后，我们逐渐对世事多了理解，并逐步能够掌握事态，此时态度却依然从容平和，面对芜杂世俗之事，一笑了之，了了有何不了。试问，岁月蹉跎，时光荏苒，历史的长河流沙滚石，能洗濯出几许清静呢，又有谁能跳出红尘逍遥自在呢。

看山还是山，看水还是水。这既是一种洞察世事后的返璞归真，也是一种成竹在胸的体现，还是个人修养上的提高。任凭尘世喧嚣，我自心清镜明；任你红尘滚滚，我自清风朗月。无论成败荣辱，无论风雨阴晴，一笑而过，不必刻意去做人，无须精心去处世，也就是真正的做人与处世了。

胡微年轻漂亮，学历高，工作能力又强，到公司不到半年，就因表现突出而被提拔为经理助理。但"树大招风"，一些老员工对此非常不满，觉得自己为公司奉献多年，却被一个黄毛丫头抢了功劳，于是他们总在暗中搞小动作，甚至伪造证据陷害胡微。最初，经理不为所动，但时间一长他也怀疑胡微有问题。一次，一个老员工再次暗中告状，说胡微违规操作。经理一怒之下，将胡微降职，并让其写检讨，贴在公司的公告栏中，胡微没有辩解太多，服从命令写了检讨。

几个老员工暗自得意，认为胡微不久就会自动辞职，但让他们没想到的是，胡微一如既往地努力工作，还会站在公告栏前看自己写的检讨，和同事调侃自己的文采非凡，可以进军文坛。没过多久，经理查清了事实真相，胡微再次得到重用。员工大会上，经理问胡微："前段时间，你受了那么大委屈，怎么还每天笑嘻嘻的？"胡微笑了笑，说道："春有百花秋有月，夏有凉风冬有雪。若无闲事挂心头，便是人间好时节。有些事情不必追究，不必介怀，一笑而过反而更好。"短短几句话，赢得了阵阵掌声。

滚滚红尘，芸芸众生都为匆匆过客，不必刻意去做人，无须精心去处世，以无人我、物我差别的心量去看待世事，没有私心，没有杂念，便会有种豁然开朗的感觉。"宠辱不惊，看庭前花开花落；去留无意，任天外云卷云舒"，怡然自乐，这正是"看山还是山，看水还是水"的境界。

纵身江湖，难免不会被滚滚红尘的潮流冲走，"宠辱不惊，看庭前花开花落；去留无意，任天外云卷云舒"，这个说起来容易做起来难，需要我们好好去体会，去领悟。不过，一种简洁的生活方式是舍去贪、嗔、痴，"春有百花秋有月，夏有凉风冬有雪。若无闲事挂心头，便是人间好时节。"

一年四季中，春花是那样的绚烂多彩，夏木是那样的荫天蔽日，秋果硕累而惹人怜爱，冬雪纷扬则洁净人心。心中有景，处处花香。世间的事皆是闲事，没有一件是不得了的，没有一件值得烦心，让万物只是万物，身处红尘万丈，心中不念一缕，这也相似寻找到了"看山还是山，看水还是水"的意境。

愿放下一切执念，走过山水一重重，俯仰天地一瞬间，笑看红尘起落时。这一路，不求繁花似锦、馨香四溢，只求风寒心暖、云淡风轻。没有牵绊，没有留恋，甚至没有悲伤，只留下一个苍凉而优雅的身影，淡然划过红尘，不留痕迹。

琐碎时光都是享受

时光在岁月里留下秒针，一摆一摆的，见证着沧海变成桑田，一切都太匆匆。或许是不想浪费有限的时光，世间越来越多的女子开始变得行色匆匆，拼命追，拼命赶，一年到头，似乎没有清闲的时候。生命在奔忙中消耗，精神在奔忙中麻木，一颗浮躁的心游来荡去，疲惫不堪。

或许，身边会有人提醒她们："不要为了生活而生活，要学会去享受生活。"可听到的答案往往是："我也愿意享受，可享受需要时间和资本。"有时间时抱怨没有钱享受，有了钱却又抱怨没有时间去享受，非要等到有钱又有时间，但谁敢保证那时候的自己还有一个可以享受的生命？！

林徽因是一个聪慧的女子，她明白，人生虽然重在忙碌地过，充实地过，但生活里还有一些平静的琐碎时光，等待着我们去细细感受和回味。那些琐碎的时光那么平凡、那样漫长，又是那样不厌其烦，但是，恰恰是它们构成了一个个真实的精彩人生，这才是生命最弥足珍贵的状态。

因病卧床期间，林徽因终于松弛了下来，一开始，这令她有点发怔，毕竟她已经习惯了奔波忙碌的生活，毕竟她还有许多许多的事情要做。她哪里都去不得，只好在病床上安静地打发琐碎的时间，她看窗外的太阳，听午夜的雨声，看云自在往来，看一树一树的花开……渐渐地，她生命的活力回到了她的身上，她竟有了一种精神上的豪兴，情趣上的闲逸。对于这种情感，她解释道："多年了，只有此刻，我觉得时光像一杯纯净的水，又像一缕朦胧的烟。默守着神秘的期待，漾开诗的气氛。"

将午未午时候的阳光，橙黄的一片，由窗棂横浸到室内，晶莹地四处射……这是林徽因最喜欢的景象，她静静地看着这阳光，竟隐约感到地面上花影浮动，暗香吹拂左右，人随着晌午的光霭花气在变幻，那种动，柔谐婉转有如无声音乐，令人悠然轻快……雨后无比澄澈明净的天空也是林徽因喜欢的，她有时看得发起来呆，也曾写诗歌颂道：“我爱这雨后天，这平原的青草一片。我的心没底止的跟着风吹，风吹：吹远了香草，落叶，吹远了一缕云，像烟——像烟。”

生命中的琐碎时光，并非全无用处，它们像字字句句中的逗号，像水上的浮萍，点点青绿，使停滞的水泽多了点呼吸。林徽因因病卧床修养期间，没有心急如焚地追赶时间，而是用心感悟，细心品味生命的琐碎，让心沉淀，终成为了一个简静而幸福的女子，彰显了生命的颜色、生活的芬芳。

缓慢沉稳，宁静从容，这是一种气质，一种修养，一种境界，更是一种充满深邃内涵的悠远，它与财富、名望、地位没有太大关系，只要你有一颗平静而从容的心。红尘世界有太多的东西等待人生的经过，一点点地经历，如此，才知时、知岁、知天命，才能微笑向暖,安之若素。

再冷静地想一下，你见过生活中哪一个超高速运转的轮胎可以收放自如吗？你见过哪一个绷得过紧的琴弦依然能弹奏出美妙的乐章，始终不断的？你见过哪一个盛满了水的铁锅不锈迹斑斑的？你见过哪一个日夜高度紧张压抑的人健康幸福活到老的？走得太快，往往灵魂都赶不上。

陈露是一个很有才华的女子，早年写过不少出名的著作，后来成了一名出版商。这些年，她一直忙于出版事务，策划这个选题、编撰那个丛书，不停滴来往于出版社和作者之间，繁忙的工作经常让她感到焦头烂额、心力交瘁。然而，陈露懂得享受琐碎的妙处，让生活充满了品位和情趣。

甜而不腻的下午茶，是陈露一项必不可少的节目，不论在黑夜还是白昼、雨季还是晴天，经常可以看到她坐在咖啡馆靠窗的位置，一杯卡布基诺，一块蓝莓蛋糕，还有一本时尚杂志……这是她惯有的生活姿态。每逢周末休息时，陈露或约上朋友品茶、健身、逛街，或穿上T恤、帆布鞋等，一个人带着简单的行囊，一部相机、一个笔记本、一部手机到喜欢的城市去度假……

陈露工作时不敢懈怠，绝不落后，闲暇时又以慵懒、放松的姿态生活，把生活安排得精致、细腻，这份不紧不慢，自得其乐的感觉，是一种品位，一种情调，更是一种从容淡定。而这又使她的美丽适可而止，清新乍隐乍现，骨子里透出一份淡然自若，谁见了她都会被她的气质打动。

扪心自问，这是不是你一直想要的生活——只闻花香，不谈悲喜，喝茶读书，不争朝夕。阳光暖一点，再暖一点，日子慢一些……

做一个懂得享受生活的女子吧，不要急于四处奔波，让生活的脚步慢下来，让心灵的脚步也慢下来。喝一杯咖啡是享受，看一本书是享受，无事可做也是享受，生活本身就是享受，生命中的琐碎时光都是享受。只要你用心仔细地去品味，不管是酸甜苦辣哪一种滋味，你都可以悟出生活的真谛。

为此，你可以为自己做个简单的计划：每天午休的时候，闭目养神，或听听班得瑞的钢琴曲，让浮躁的心安静下来；回到家，慢慢做一顿精致而健康的晚餐；晚上少看电视和电脑，和家人一同去散步，或者安静地看会儿书；晚睡前，洗一个纯香沐浴，或静心做做瑜伽；周末睡一个懒觉，或是打起背包行走天涯。

慢一点，在琐碎中享受生活，活出美丽，积攒幸福！

看尽人间芳菲，看尽时光老去

人生之初，便已然注定了死亡的结局。也就是说，从生到死这一过程，是我们一开始就预料到却无法掌控的。死亡是怎样一种过程，会不会痛，会不会太过难受？还有，死后的世界又是如何……因为无法掌控，所以在这个凡尘俗世里，绝大多数女子面对死亡，心底满是恐慌，妄图抓住一点残光，力挽狂澜。

林徽因算是一个思想境界高的女子了，她面对死亡也有过恐惧和排斥，不过她很快便懂得，生和死就像白天和黑天一样平常，就像春夏秋冬四季交替一样，不可更改。既然如此，不如学着用一颗慈悲坚强的心去迎生送死，走好能走的一步，体验生命的意义，人生便不是死局。

1953年完成了景泰蓝抢救工作以后，林徽因的身体又一次垮了下来。每到寒冬，她的病情就愈加严重，药物已不能奏效，每天夜里她在床上辗转反侧，一次次地剧烈咳嗽、咳痰、喝水、吃药……她憋得气喘吁吁，生怕吵醒了熟睡的亲人，她眼睁睁看着窗户一点一点发白，室内一点一点亮起来，这样的情形已经持续好长时间了。她常想，也许一口气上不来就过去了，要是那样倒也痛快。这样长时间无望地挣扎，真是太折磨人了，这是一种生命似乎一点一点被凌迟的痛苦。

人生究竟是什么？林徽因细细地琢磨着这个深奥的问题。有人为林徽因在书桌上插了一束含苞的杏花，杏花开时是那么鲜嫩的，但没过多久就谢了，她几乎是从始至终看了它开放和残落的全过程，也据此明白了，万事万物时时刻刻都在变化，不会永恒长存，她将内心的感悟写成了一首诗《时间》——“人间的季候永远不断在转变，春时你留下多处残红，翩然辞别，本不想回来时同谁叹息秋天！现在连秋云黄叶又已失落去，辽远里，剩下灰色的长空一片。透彻的寂寞，你忍听冷风独语？时光不容许你讨价还价，该散去的，终究会不再属于你。”在这首诗中，林徽因抒写了自己对人生的眷恋和热爱，以及平静面对人生终点的坦然，后来她生活得十分安静。

1945年到1955年，生命的最后10年里，尽管得了相当严重的肺病，而那时肺病就像今天的癌症那么可怕，但林徽因的心境无大多悲观，并且自己像没事人一般，在他人眼里“她比健康的人精力还旺盛,还健谈”，她还热情地做各种自己想做的事情，为人生之终了做着积极准备。她的看似柔弱、让人怜爱的外表后面，还有豁达着、微笑着与病魔无声抗争的达观。1955年春林徽因的肺部开始大面积感染，4月1日晨6时20分，她走完了51岁生命的里程，生命定格于美好的人间四月天。

林徽因的春天似乎留下了几许残红，就真的和这个世界翩然辞别了。她真是了不起的女子，就连辞别都是翩然的，没有多少苍凉，只有淡淡的叹息。宛若生命本身只是一出戏，上演时认真扮好自己的角色，有哭，有笑，有饱满，而落幕的时候就会洒脱离开，虽然会哭，会叹，会单薄。

是啊，繁华之后是落寞，鼎盛之后是消亡。万物都要遵循自然规律，生死荣枯，半点不由人。死亡是生命的一个终点，一个最后的过程，有它的存在，生命才得以完整。只要活得有意义，让“生”的部分更加安定、沉着和充实，就在一方面弥补了对“死”的遗憾，死亡也就同样拥有意义。

不知是谁说过，每个女子都有属于自己的花期，花开时姹紫嫣红，占尽人间春色，固然赏心悦目，却也抵不过四季流转。但不论你是活过千年的松柏，还是只能活一天的木槿花，哪怕你只芳菲过一天，只要珍惜了，绽放了，那么即便最终把所有灿烂都支付给了岁月，也是没有遗憾的。

看尽人间芳菲，看尽时光老去，在这般无言的结局里，让心灵四季常青。如果可以，请让花永世开在云端，开在一生一世的美丽里。而林徽因做了那朵永不凋零的花，她淡看生死，泰然自若，拥有一份出尘的美，又安然在世俗深处，于是这个女子被装帧在人间四月，岁月早已泛黄，而她却苍翠如初。

“我们来到人间，赤身裸体，一丝不挂，我们退出世界，何去何从，无人作答，若今生多惆怅，换个冥地又有何妨。”喜欢极了这首诗，洒脱得如秋风扫过落叶，不带一点酸涩和感伤。原来，看透了人生的本质，便能摆脱对生死的执著和恐惧，活得乐观豁达，坦然从容，自由自在。

艾琳四十岁时，被医生诊断患上了恶性肿瘤，只能活3个月了。虽然这时的她已经不是风华正茂，但也正当盛年，人人都为她感到可惜。然而，艾琳还是坦然地接受了这个事实，并开始认真地着手为自己准备后事。

躺在病床时，艾琳派人请来了时常去拜访的牧师为自己主持丧礼，她还告诉牧师自己希望在葬礼上吟咏什么韵文，自己愿意穿什么衣服下葬。她还不忘记要求牧师到时候一定得把自己特别喜爱的《圣经》也葬在身边。一切安排妥当后，牧师起身亲吻了这位已经奄奄一息的坚强女子，然后准备离开。

“请稍等！还有一件事！”艾琳像突然记起了什么重要的事，兴奋地叫住了牧师。

“我差点……我差点忘记最重要的一件事，我希望埋葬时右手拿着一支餐叉。”艾琳努力地直了直腰，一字一句地告诉牧师。

牧师以为自己听错了，先是站在那里愣愣地盯着艾琳，过了一会终于开口问："请问您说什么？"

"很奇怪，是吗？"艾琳问。

"的确是！我从来没有见过要把刀叉下葬的，您的要求把我弄糊涂了！"牧师回答。

艾琳发白的脸上露出一丝微笑，解释道："每次我去单位的餐厅吃饭的时候，最喜欢的就是当菜盘收走时服务员俯身说着：'请把餐叉留着。'我很喜欢这一时刻，因为这意味着我将要吃到更好的东西了，比如巧克力糕或苹果馅饼。"

牧师为眼前挣扎在生死线上的女子感动了，两个人都流出了欢乐的泪水。牧师知道，虽然这可能是他们两个人活着的时候相见的最后一面，但他同样了解到一点，艾琳比任何人都能理解天堂的含义。在她眼中，迎接死亡就是在迎接更加美好的东西。这就是一个女子面临死亡的态度，她把等待死亡看成一件更加美好的事。

就这样，艾琳快乐地接受了死亡，安详地离开了人世。

人来凡尘，赤条条来，一无所有；人离俗世，赤条条去，也一无所有。来时无知，去时无魂，言何牵挂！？珍重生命的女子，会寻求一种较合理的人生态度。活着，就是为了不辜负生命，就是为了感受、体验、磨砺生命中遇到的一切一切，不管这一切一切是甜，是苦，是酸，是涩。

一个女子，如果像花开一样安然，像花谢一样恬淡，做到"换个冥地又有何妨"的洒脱，那么这个女子就是幸福的，就是快乐的。温一壶茶，听一首歌，哼一曲小调；读一本书，以一段时光，安然地续完余下的人生。夕阳无限好，虽是近黄昏！原来有生之年里的时光，如此美好。

上架建议:女性 文学

ISBN 978-7-201-12272-4

9 787201 122724 >

定价：48.00元